›Ich habe die ... Bände von Vehse
mit der grössten Gier durchgelesen ...
Dies Buch ist für mich wahrer Kaviar.‹

(Heinrich Heine
am 7. Juni 1852
an seinen Verleger Julius Campe)

Herausgegeben von
Wolfgang Schneider

Ausgewählt und
bearbeitet von
Annerose Reinhardt

Carl Eduard Vehse

Die Höfe zu Bayern

Von Herzog Albrecht IV., dem Weisen, bis Kurfürst Maximilian III. Joseph 1503 bis 1777

Mit dreissig zeitgenössischen Abbildungen

Gustav Kiepenheuer
Leipzig

Bildauswahl: Bernd Weinkauf
Personenregister: Gitta-Maria Günther

Schutzumschlag:
München. Kupferstich aus dem Chur-Bayerischen Atlas (1687)

Beilage:
Wolfgang Schneider: Carl Eduard Vehse
und seine ›Geschichte
der deutschen Höfe seit der Reformation‹

Fotonachweis:
Sämtliche Abbildungen einschliesslich Schutzumschlag
von privaten Leihgebern

Genealogische Übersicht zu ›Die Höfe zu Bayern‹
im zweiten Band: ›Die Höfe zu Bayern. 1777 bis 1852‹

ISBN 3-378-00562-9

Erste Auflage
Gestaltung: Dietmar Kunz
Schrift: Walbaum
Gesamtherstellung:
Offizin Andersen Nexö Leipzig GmbH,
Graphischer Grossbetrieb
Printed in Germany

Vorbemerkung

Bis auf den heutigen Tag haben sich die Bayern sprichwörtliche Heimatverbundenheit, Bodenständigkeit und berechtigten Stolz auf ihr mit Naturschönheiten wie geschichtlichen Traditionen reich gesegnetes Land bewahrt – zu Recht, wie die Historie beweist. So war Bayern auch das einzige der sechs alten Stammherzogtümer Deutschlands, das zumindest seine Kerngebiete zusammenhielt. Während Schwaben, Franken, Sachsen, Thüringen und Lothringen im Laufe der Jahrhunderte mehr oder weniger zersplittert wurden, verlor Bayern 1156 unter Friedrich Barbarossa lediglich seine Ostmark, die als Herzogtum Österreich den Babenbergern blieb. Das allerdings war ein tiefer Einschnitt, der im Laufe der Geschichte die fatalsten Konsequenzen – fortlaufende Rivalitäten, Kriege und schwere Schicksalsschläge für Land und Leute – haben sollte.

Seit 1180 regierten in Bayern die Wittelsbacher, jene Nachfahren des bayerischen Pfalzgrafen Otto von Wittelsbach, die die territoriale Geschlossenheit des Herzogtums festigten, Städte und Märkte gründeten. So gewann Otto II. zu Beginn des 13. Jahrhunderts durch seine Heirat mit der Enkelin Heinrichs des Löwen die Rheinpfalz. 1255 entstanden durch Teilung die beiden Linien Ober- und Niederbayern. 1314 wurde der Herzog von Oberbayern – Ludwig IV., der Bayer – deutscher König und 1328 deutscher Kaiser. Der Stern der Wittelsbacher strahlte nun heller als der der österreichischen Habsburger.

1329, im Traktat von Pavia, teilte sich das Haus unter Ludwig dem Bayern, der den Söhnen seines Bruders Rudolf die Rheinpfalz und einen Teil des Nordens – die Oberpfalz – abtrat, in die beiden Hauptlinien Rhein- und Kurpfalz sowie Bayern; zeitweilig kamen allerdings noch die Mark Brandenburg und Holland, Tirol und Seeland sowie der Hennegau dazu. 1349 erfolgte durch Erbteilung die Trennung in Oberbayern mit Tirol und Brandenburg und Niederbayern mit den niederländischen Erwerbungen. Die Wittelsbacher aber verloren Brandenburg 1373 an die Luxemburger, 1433 die niederländischen Gebiete an Burgund und Tirol 1363 an Österreich.

1439 bestieg ein Wittelsbacher, Christoph der Bayer, für neun Jahre den dänischen Thron. Der Kurhut blieb allein der pfälzischen Linie. Erneute Spaltung begrenzte die Macht der wittelsbachischen Herzöge. Erst Albrecht IV., der Weise, führte 1506 das Primogeniturrecht ein und einte das Herzogtum Bayern wieder. Drei Jahre später verlor er jedoch im Landshuter Erbfolgekrieg die Ämter Rattenberg, Kufstein und Kitzbühel.

Für die verlustig gegangenen Territorien Brandenburg und Holland wurden 1609 Jülich und Berg erworben und blieben bis Ende des 18. Jahrhunderts im Besitz der Hauptlinie Pfalz, die 1777 nach dem Aussterben der jüngeren Hauptlinie des Hauses Wittelsbach sukzedierte, so daß seither wieder der Gesamtbesitz in einer Hand vereinigt wurde.

Mit Albrecht IV., dem Weisen, beginnt Carl Ludwig Vehse seine »Geschichte der Höfe zu Bayern«, die im vorgelegten ersten Band bis zum Tode von Maximilian III. Joseph im Jahre 1777 reicht und den 1853 erschienenen Bänden 23 und 24 des Originalwerkes entnommen wurde. Nicht immer geht Vehse glimpflich mit den wittelsbachischen Fürsten um, spart keine sarkastischen Seitenhiebe zum Beispiel auf die allgegenwärtige Macht der Jesuiten und die zeitweise Schwäche der Regierenden. Mit Blick auf die Führungsrolle Bayerns in der deutschen Gegenreformation zieht er das Fazit: Was Spanien für Europa, das wurde Bayern für Deutschland.

Dabei war es keineswegs seine Absicht, die tiefe Religiosität eines Volkes anzutasten. Er wandte sich vielmehr gegen den Mißbrauch des Glaubens für weltliche Zwecke, die Volksverdummung, die Geldverschwendung, das ausschweifende Leben, die grenzenlose Prachtentfaltung sowohl mancher wittelsbachischen Herzöge und Kurfürsten – wie Albrecht V., des Großmütigen, und Maximilian II. Emanuel – als auch der von den Kanzeln herab Bescheidung predigenden Jesuiten.

Die damalige Liebe zum Prunk hatte jedoch auch ihre guten, bis in die Gegenwart fortwirkenden Seiten: die Schätze barocker Baukunst in und um München sowie Gemäldesammlung und Bibliothek, deren Grundstock Albrecht V. legte und die von seinen Nachfahren weiter ausgebaut wurden. Nicht zu Unrecht nannte der Schwedenkönig Gustav II. Adolf, der 1632 nach der Eroberung Bayerns für drei Wochen in München weilte, diese Stadt einen »goldenen Gaul auf magerem Sattel«.

Ein Hauptdenkmal wittelsbachischer Prachtliebe schuf Kurfürst Carl Albrecht mit einem überaus prunkvollen Saal, den er in seinem noblen Palast zu München, der schon 20 Säle und mehr als 2000 Fenster hatte, für nicht weniger als fünf Millionen Gulden bauen ließ. Jener Glanz allerdings wurde 1729 bei einem Schloßbrand Opfer der Flammen. Der Wert seiner Paradeliege, des sogenannten Kaiserbetts, wurde auf 800 000 Gulden geschätzt; zweieinhalb Zentner Gold waren daran verschwendet. Auch sonst war der spätere Kaiser Carl VII. nicht kleinlich – er hinterließ etwa 40 Kinder von seinen zahlreichen Geliebten! –

Der erste Band der »Geschichte der Höfe zu Bayern« endet mit dem Tode von Maximilian III. Joseph, der 1777, erst 52 Jahre alt, unbeerbt starb. Im Volk, das diesen Kurfürsten liebte und verehrte, erinnerte man sich des plötzlichen Todes des seinerzeit für den spanischen Thron bestimmten Joseph Ferdinand, der 1699 – noch nicht sieben Jahre alt – verschied, und munkelte wiederum von Vergiftung. Maximilian III. war der letzte Fürst von der alten Kurlinie Bayerns. Die Erbfolge trat nun die ältere, seit dem Dreißigjährigen Krieg angefeindete Linie Pfalz mit Carl Theodor aus dem Zweig Sulzbach an. Die Länder Bayern und Pfalz, seit dem Traktat von Pavia getrennt, wurden damit nach fast 450 Jahren wieder vereinigt.

Annerose Reinhardt

Herzog Albrecht IV., der Weise gestorben 1508

Gemäß dem in allen deutschen Fürstenhäusern während des Mittelalters üblichen Brauche, die Fürstentümer unter die Fürstenkinder zu teilen und wieder zu teilen, verfuhr auch das Haus Wittelsbach: Der Traktat von Pavia vom Jahre 1329 gründete die Hauptbranchen Pfalz und Bayern, deren Besitztümer erst nach 450 Jahren wieder zusammengelegt wurden. Die Hauptbranche Bayern teilte hinwiederum: Seit Ausgang des 14. Jahrhunderts bestanden die Unterbranchen Ingolstadt in Ober- und Landshut und München in Niederbayern. Doch erfolgte glücklicherweise die Wiedervereinigung Bayerns schon zu Anfang des 16. Jahrhunderts: Die Linie Ingolstadt war schon 1445 ausgestorben, die Linie Landshut erlosch 1503 mit Herzog Georg dem Reichen.

Der rechtmäßige Erbe von Landshut war nun Herzog Albrecht IV., der Weise, von der Linie München, der Urenkel des Stifters derselben, Johann, der 1397 gestorben war. Aber Herzog Georg von Landshut, welcher »der Reiche« zubenannt wurde, weil er 36 Städte, 57 Märkte, 67 Schlösser, 64 Klöster und einen großen Schatz von Geld und Kostbarkeiten hinterließ, hatte den Hausverträgen zum Schaden jenem nächsten männlichen Erben seine Tochter vorgezogen und durch Testament den Gemahl derselben, den Pfalzgrafen Ruprecht, einen nachgeborenen Sohn Philipps des Redlichen, Kurfürst von der Pfalz, zum Erben eingesetzt.

Es entstand infolgedessen der Landshuter Erbfolgestreit, der von

1503 bis 1507 dauerte und für Bayern mehrere Verluste brachte. Von dem reichen Erbe fiel ihm zwar der Hauptstock zu, aber dafür mußten bedeutende Abtretungen gemacht werden. Bayern verlor damals die sogenannte junge Pfalz – so genannt im Gegensatz zu der alten Pfalz am Rhein, der Kurpfalz –, an der Donau gelegen, mit den Hauptstädten Neuburg und Sulzbach. Die junge Pfalz erhielt der pfälzische Schwiegersohn Ruprecht. Demnächst mußten die Bundesgenossen Bayerns für die geleistete Hilfe entschädigt werden. Württemberg erhielt damals Neustadt am Kocher, Weinsberg, Heidenheim und Kloster Maulbronn, Hessen Homburg vor der Höhe. Endlich mußte auch noch der Unterhändler des Vertrages abgefunden werden: Kaiser Maximilian aus Österreich, der Schwager Herzog Albrechts, nahm nicht ohne herbe Vorwürfe seines Eigensinns und seiner Treulosigkeit von seiten Bayerns das Unterinntal, Kufstein, Kitzbühel und Rattenstein. Der Verlust dieses Landgebietes mit seinen herrlichen Waldungen und Erzgruben und dem damals überreich fließenden Bergsegen war ein unersetzlicher Verlust für Bayern. In dem Jahre vor Abschluß dieses für die Integrität Bayerns fatalen Landshuter Erbfolgevertrages hatte Herzog Albrecht IV., der Weise, die Primogenitur [Erbfolge des Erstgeborenen] durch die Urkunde vom 8. Juli 1506 festgestellt, in dem Jahre nach dem Vertrag, 1508, starb er.

Von seiner Gemahlin Kunigunde, der Tochter Kaiser Friedrichs III. von Österreich, hinterließ Herzog Albrecht drei Söhne und drei Töchter. Der älteste Prinz, Wilhelm IV., folgte, der zweite, Ludwig, starb 1545 zu Landshut, der dritte, Ernst, war geistlich und erhielt 1517 das Bistum Passau und 1540 das Erzbistum Salzburg. Von den Prinzessinnen vermählte sich Sibylle mit ihrem Stammvetter, dem Kurfürsten Ludwig V. von der Pfalz, Sabine mit Herzog Ulrich von Württemberg und Susanne in erster Ehe mit Markgraf Casimir von Bayreuth und in zweiter mit ihrem Stammvetter, dem Kurfürsten Ottheinrich von der Pfalz.

1. Tanzfest am Hofe Herzog Albrechts IV., des Weisen

Herzog Wilhelm IV., der Standhafte 1508 bis 1550

Herzog Albrecht IV., dem Wiedervereiniger Bayerns und Stifter der Primogenitur, sukzedierte [folgte] kraft des Primogeniturgesetzes in dem gesamten Fürstentum Bayern sein 15jähriger Sohn Wilhelm IV. Gleich in den Anfang dieser langjährigen Regierung fiel das große Ereignis der Reformation, das die ganze europäische Welt umgestaltet hat. Daß Bayern durch sie nicht umgestaltet wurde, schaffte großenteils dieser junge Herr, der deshalb »der Standhafte« zubenannt wurde. Er trat nicht zu der Glaubensbewegung, er blieb streng katholisch. Die großen weltlichen Vorteile, die andere deutsche Fürsten durch die Losreißung von Rom errangen, erteilte ihm Rom gutwillig.

Schon seit Ende des Jahres 1521, wo der in die Reichsacht erklärte Luther auf der Wartburg saß, waren die Unterhandlungen zwischen dem päpstlichen Hofe und dem jungen Herzog Wilhelm eröffnet worden, die dahin abzielten, das Haus Wittelsbach, das – wie die hochgeliebten Welfen – schon in früheren Zeiten gute Hilfe gegen widerspenstige Kaiser und sonstige Feinde Roms geleistet hatte, in ein besonderstes Interesse zu ziehen, um in Bayern einen starken Keil des Widerstandes in Deutschland zu gewinnen, sowohl gegen die Glaubenserneuerungen der Ketzer als gegen Kaiser Carl V. von Österreich, der sich sehr geschickt dieser religiösen Bewegungen bediente, um den römischen Stuhl die Kaisermacht fühlen zu lassen. Die Zeiten schienen ganz so angetan zu sein, als wenn das alte Spiel der Ghibellinen [Anhänger der Hohenstaufen und Gegner der Welfen] wieder spielen solle. Roms Furcht war begründet, denn die Habsburger besaßen eine ungleich furchtbarere Hausmacht als die Hohenstaufen.

Das Unterhandlungsgeschäft zwischen Rom und Bayern kam sehr bald zu einem für Bayern sehr glücklichen Abschluß. Der Preis des engen Bündnisses war eine außerordentliche Verwilligung für die weltliche Macht der wittelsbachischen Fürsten auf Kosten der Kirche. Papst Hadrian VI., der Lehrer Carls V., sicherte dem Hause Bayern in dem fünften Teil sämtlicher Einkünfte von den in Bayern gelegenen Abteien eine ungeheure Schenkung zu, denn es gehörte mehr als die Hälfte des Grundes und Bodens von Bayern der Kirche. Ferner ward dem Hause Bayern ein bedeutender Einfluß auf die bischöfliche Gerichtsbarkeit in den ihm untergebenen, besonders angeordneten Inquisitionsgerichten zugesichert. Und endlich – und das war die wichtigste Verwilligung – erhielten die nachgeborenen Prinzen des Hauses Bayern, die nach dem Primogeniturgesetz unversorgt waren, als Hausversorgungen nicht nur die bayerischen Bistümer zugesichert, sondern auch die westfälischen und die rheinischen, insonderheit die reichen Bistümer Lüttich und Köln. In Köln haben von 1583 an bis 1761, also fast 200 Jahre lang, fortwährend bayerische Prinzen regiert. Sie haben dadurch dem Hause Bayern eine ungemein bedeutende Macht im Nordwesten des Reiches beigefügt.

Dieses Bündnis mit Rom ward die Hauptursache, daß die bayerischen Herzöge die Reformation in ihrem Lande – für die sich wie in anderen Ländern, und namentlich in den beiden Nachbarländern Süddeutschlands, Württemberg und Österreich, starke Sympathien erhoben – von Anfang an und je nachdem die Umstände es nur irgend ermöglichten, mit eiserner Hand niedergehalten haben. Ein drastisches Exempel, das von dieser eisernen Hand frühzeitig in Bayern verhangen wurde, war der Flammentod des protestantischen Märtyrers Lienhard Kayser.

Lienhard Kayser, Pfarrvikar zu Waizenkirchen, Freund der neuen Lehre, hatte sich zu Luther nach Wittenberg geflüchtet. Kindliche Liebe führte ihn an das Sterbebett seines Vaters nach Bayern zurück. Er ward verraten, angeklagt beim Bischof Ernst von Passau, Bruder Herzog Wilhelms und nachheriger Erzbischof von Salzburg, und starb, trotz der Verwendung Kurfürst Johann Friedrichs des Großmütigen von Sachsen, am 16. August 1527 den Märtyrertod. Über diesen Tod war Luther so erhoben, daß er die Worte schrieb: »Gelobt sei Gott in Ewigkeit, daß er unter so vielen Ungeheuern und Unwürdigen so einen herrlichen Anblick und Glanz seiner Gnaden beweiset und sehen hat lassen an diesem seligen Manne, daran wir merken können, daß Gott uns nicht verlassen hat. Er heißt recht und billig Lienhard, d. i. leuenhart, denn er hat sich beweiset als ein starker, unerschrockener Leue [Löwe].

2. Übergabe der Augsburger Konfession 1530 an Kaiser Carl V.

Und er führt billig den Namen Kayser mit allen Ehren, denn er hat den überwunden, des Gewalt so groß ist, daß ihr keine auf Erden mag verglichen werden.«

Jenes Bündnis der Wittelsbacher mit dem päpstlichen Stuhle hat für ihre Stellung für die ganze Folgezeit entschieden. Sie erhielten durch reichlich vergoltene Treue dasselbe Ziel, das die anderen Fürsten, die zur Sache des Protestantismus übertraten, zum Teil allerdings in weit größerem Umfange vom Klostergut sich selbst nehmend, durch Abfall von Rom erlangten.

»Volk und Adel«, schreibt der Ritter von Lang in seiner »Geschichte der Jesuiten in Bayern«, »zeigten sich in Bayern ebenso empfänglich und gut gestimmt für die Sache der Reformation wie in Sachsen. Daß sie hier unterdrückt wurde, lag nicht, wie man etwa glauben könnte, in einem wesentlichen Unterschied des norddeutschen und süddeutschen Charakters.« Er gibt an einer anderen Stelle diesen Unterschied zu und äußert: »Das merkwürdige Ereignis der Reformation faßte allerdings der Norden und der Süden anders auf; der Nordländer mit seinem reinen Verstand und redlichem Gemüte, der alle Zweifel als persönliche Ehrenkränkung mit dem Degen abzuschneiden und seine Vernunftschlüsse wie einen Reichsabschied und selbst gegen die Teufel auf allen Dächern handzuhaben vermeint; der Südländer dagegen nach seinem Gefühl, das er, ohne zum feurigen Hasse aufgeregt zu werden, nicht vernichtet, sondern auf alle Art bis zum höchsten Punkt gesteigert wissen will.«

Neben dem süddeutschen Bayern hat auch der süddeutsche Schwabe in Württemberg und Baden die Kirchenverbesserung angenommen, und er hat sich darin behauptet. Nicht minder ist das süddeutsche Österreich so lange protestantisch geblieben, bis es unter Ferdinand II. mit der stärksten Gewalt wieder katholisch gemacht wurde.

Namentlich der Adel war in Bayern wie in Österreich zum großen Teil der neuen Lehre anhängig geworden. Noch beim Schluß des Konzils von Trident 1563 wollte er sich mit Gewalt der Waffen darin behaupten. »Eure Heiligkeit«, schrieb Herzog Albrecht V. noch ums Jahr 1570 an den Papst Pius V., »muß wissen, daß ein großer Teil des Adels von der Ketzerei angesteckt ist und lieber ohne Sakramente und ohne

Religion leben will, als in den Schoß der katholischen Kirche zurückzukehren.« Der Adel konvertierte [trat zu einer anderen Konfession über] sich aber in Bayern wie in Österreich, und dies hat dem bayerischen Adel wie dem österreichischen einen unauslöschlichen Charakter aufgedrückt, der sich nie wird überwinden lassen. Nächst dem Adel war in den Städten viel Sympathie für die neue Lehre. Der Gesandte Venedigs, Mocenigo, bezeugt, daß zur Zeit des Schmalkaldischen Krieges noch das Volk zu Ingolstadt, wenn es einige Hoffnung des Sieges für die schmalkaldischen Fürsten gehabt hätte, selbst damals, als der Kaiser unter den Mauern der Stadt lagerte, gegen ihn die Waffen ergriffen haben würde – so protestantisch war es gesinnt. Nur durch seine Fürsten sind in Bayern wie in Österreich die Keime der Reformation unterdrückt worden.

Herzog Wilhelm IV. war, als sich endlich Kaiser Carl V. mit Rom zur Unterdrückung der Ketzerei in Deutschland ernsthaft verband, der Alliierte desselben im Schmalkaldischen Kriege, und zwar der geheime Alliierte: Er diente ihm darum desto besser. »Der Kaiser wollte nicht«, sagt Mocenigo in einer Relation [Bericht] an seine Signoria vom Jahre 1548, »daß der Herzog von Bayern sich offen als Feind der Protestanten und als sein Freund bezeigte, wohl aber, daß er ihm insgeheim einen neuen Eid leiste, ihm als deutschem Kaiser ein gehorsamer Vasall sein zu wollen. S. Maj. bezog viele Lebensmittel aus dessen Staaten und erhielt insgeheim Geld von ihm wie auch von seinem Bruder, dem Erzbischof von Salzburg, war aber zufrieden, daß der Herzog sich noch mit den Protestanten hinhielt, wie er es tat, indem aus allen seinen Orten, wo jene durchzogen, ihnen Lebensmittel geliefert und sie als Freunde behandelt wurden, außerdem, daß er immer äußerte, die Vermittlung übernehmen zu wollen, woher unaufhörlich Schreiben und Boten hin und wieder gingen zwischen dem Herzog und dem Landgrafen von Hessen, was der Kaiser wußte und ihm sehr lieb war; denn durch dieses Mittel erfuhr er die Fortschritte der Feinde und hielt sie in Ungewißheit [...] Die Protestanten nahmen immer Rücksicht auf den Herzog und wollten nicht in sein Land dringen, um ihm nicht Schaden zu tun, wodurch der Kaiser in Bayern einen bequemen Ort hatte, sein Heer zu bilden.«

3. Johann Eck, eigentlich Johann Mair aus Eck bei Memmingen

Bereits in diesem ersten katholischen Glaubenskriege in Deutschland sprach Bayern die pfälzische Kur der zur Reformation übergetretenen Stammvettern an, die es erst im zweiten, im Dreißigjährigen Kriege, erlangte.

Drei Jahre vor dem Kriege war der katholische Glaubensheld Bayerns, der Ingolstädter Professor Dr. Johann Eck, gestorben, 1543, 57jährig – der schwäbische Mönch [er stammte aus dem Dorfe Eck im schwäbischen Allgäu], welcher einst mit dem sächsischen Mönche Luther 1519 die berühmte Disputation in Leipzig gehalten und an ihm seinen Meister gefunden hatte. In Norddeutschland hatte Eck die öffentliche Meinung, die Luther so entschieden in Süddeutschland bei den Gebildeten, bei dem Adel und den Bürgern der Städte gewann, nicht gewinnen können. Die Roheit, mit der er die gelehrten Händel anfaßte, empörte, man skandalisierte sich über die scholastischen Klopffechtereien, mit denen er seine Theologie stützte, die er ziemlich unverhohlen als ein einträgliches Gewerbe betrieb.

Noch roher als die Art dieses Lehrers der bayerischen Hochschule war die Lebensart der niederen Geistlichkeit in Bayern, unter deren Seelsorge das arme Landvolk gegeben war. Der Herzog von Bayern klagte nach Sarpi selbst bei den in Trident versammelten Vätern der Kirche, daß er unter 50 Priestern kaum einen sich zu finden getraue, welcher nicht ein notorischer Übertreter des sechsten Gebotes sei. Die bayerische Priesterschaft hielt sich damals ganz frei öffentlich ihre Konkubinen. Noch im Jahre 1549 bat auf einer priesterlichen Versammlung zu Salzburg ein Teil der Geistlichkeit ebenso ehrerbietig als treuherzig, daß man sie ihnen doch lassen möge. Erst in der zweiten Hälfte des 16. Jahrhunderts unter Herzog Albrecht V., dem Nachfolger Herzog Wilhelms IV., ward das öffentliche Frauenhaus zu München aufgehoben; erst 1570 setzte man 50 Gulden Strafe auf das Halten einer priesterlichen Genossin. Noch in der Instruktion für den Großen Kurfürsten Max vom 3. Januar 1584 ward eingeschärft, »von den Prinzen sonderlich ärgerliche trunkene geistliche Personen« entfernt zu halten.

Eine Verbesserung der Kirche – dem Lichte gegenüber, das die Reformation in Sachsen angezündet hatte – mußte notwendig auch in Bayern gegeben werden, nicht bloß, was den Wandel der Geistlichen anbelangte, sondern auch den Unterricht, der überall in Bayern, selbst in der Hauptstadt München, selbst auf der Hauptuniversität Ingolstadt, auf der untersten Stufe stand. Die Aushilfe hierfür gewährte die neugeschaffene Gesellschaft Jesu. Herzog Wilhelm erbat sich vom Papste Jesuiten, um die theologischen Lehrstühle in Ingolstadt zu besetzen. Es ward ganz ernstlich der Plan ins Auge gefaßt, allmählich Ingolstadt zu dem Hauptbollwerke gegen Wittenberg zu machen. Einer der bedeutendsten Väter der Gesellschaft trat als Rektor an die Spitze der Universität: der berühmte Petrus Canisius, ein Niederländer von Geburt, der Verfasser des höchst einflußreichen katholischen Katechismus, dem Luthers nachgeahmt, welcher 1554 zu Wien zum ersten Male aus der [Drucker-]Presse hervorging. Canisius brachte die neue Organisation zu Ingolstadt nach den Plänen des Ordens zustande, ging zwar 1552 nach Wien, kehrte aber 1556 nach Bayern zurück, ward zum Provinzial von ganz Oberdeutschland ernannt und starb nach einem langjährigen und sehr tief eingreifenden Wirken 1597 als Rektor zu Freiburg im Breisgau.

Nächst diesem berühmten Theologen aus der Jesuitengesellschaft muß ich noch eines anderen Gelehrten nicht geringen Rufes gedenken, der in der damaligen Zeit des sowohl von der Reformation als von der Gegenreformation – nur auf sehr verschiedene Weise – geförderten Wiederaufblühens der Wissenschaften in Bayern und auch eine Zeitlang am bayerischen Hofe lebte: des Historikers Johann Turmair, gemeiniglich Aventinus von seiner Vaterstadt Abensberg [latinisiert Aventinum] genannt. Aventinus war, nachdem er seine Studien in Ingolstadt begonnen, in Wien und Paris fortgesetzt hatte, als Professor in Krakau angestellt worden. Von da ward er als Professor in Ingolstadt nach seinem Vaterland zurückberufen, wo er über Cicero las und eine Akademie der Humanisten stiftete. Im Jahre 1512 ernannte ihn der junge, selbst erst 19jährige Herzog Wilhelm zum Lehrer seiner jüngeren Brüder Ludwig und Ernst. Mit ihnen reiste er 1515 nach Italien. Nächst einer lateinischen Grammatik, die er zum Drucke gab, schrieb er die »Bayerischen Annalen«, das Hauptwerk seines Lebens, zu welchem ihm der Herzog die Archive und Klosterbriefe zur Verfügung stellte. Er ward damit der Vater der bayerischen Geschichtsschreibung. Er starb zu

4. Johann Turmair, genannt Aventinus

Ingolstadt im Jahre 1534, zum Teil aus Gram über erlittenes Gefängnis als Ketzer, der die Fastengesetze übertreten und in seiner Leibesschwachheit Fleisch gegessen hatte.

Von den Personalien Herzog Wilhelms IV., des Standhaften, der durch den mit Rom abgeschlossenen Vertrag für Festhalten des Katholizismus keine geringe Stelle in der bayerischen Geschichte einnimmt, ist wenig bekannt. Der venezianische Gesandte Moncenigo sagt, daß er ein Fürst gewesen sei, der »nie unternehmend war, sich immer nur mit Jagen, Essen und Trinken vergnügt« und zwar 250 000 Gulden Einkünfte gehabt habe, aber auch über eine Million Schulden. Er starb zu München im Jahre 1550, nach 42jähriger Regierung, 67 Jahre alt, und zwölf Tage nach ihm starb sein Kanzler und Freund, der erste Mann damals am Münchner Hofe, Leonhard von Eck.

Leonhard von Eck, Herr zu Randeck, aus dem alten bayerischen Geschlechte der Wolfeck stammend und der Sohn eines Landrichters zu Kelheim, war aus ansbachischem Dienst in bayerischen übergetreten und bildet den Anfang der großen Kette von bayerischen Adelsgenossen, die das Haus Österreich in Bayern gefördert haben. Durch ihn gingen die Unterhandlungen mit Kaiser Carl V. im Schmalkaldischen Kriege, wo Bayern stillsaß, um Habsburg um so besser zu dienen. Durch ihn erfolgte auch die Berufung der Jesuiten in Bayern. Durch ihn überhaupt gingen alle Geschäfte. Er war so allmächtig im Bayernland, daß das Sprichwort aufkam: »Was Eck nicht beschließt, wird schwerlich beschlossen werden.« Bei Wilhelm IV. war er so wohl angeschrieben, daß dieser oft meinte, ohne Eck sei das Leben ihm öde. Beide Freunde verband aufs innigste das Festhalten an dem alten römischen Glauben. Übrigens war Eck ein so einsichtsvoller Mann, daß er es würdigte, in den Strahlen der wiederaufgehenden Aurora der Wissenschaften zu wandeln. Er wurde der Mäzen derselben, soweit sich das mit Rom und dem Kaiser vertragen wollte. Er war nicht nur Protektor der Akademie der Humanisten, die der gelehrte Aventinus an der Ingolstädter Universität gestiftet hatte, sondern setzte diesen gelehrten Mann auch seinem Sohne Oswald zum Präzeptor [Lehrer], als er seine Studien in Ingolstadt machte.

Eck starb in München, mit einer Menge Gütern und Herrschaften durch seinen Herrn begnadigt. Sein mit Félicitas, Witwe Dietrichs von Pliening zu Eisenhofen, geborene von Freyberg, erzeugter einziger Sohn Oswald ließ ihn bei den Franziskanern begraben. Ein schönes Denkmal schmückte die Grabstätte, bei dem, wie Westenrieder erzählt, ein von Mielich verfertigtes Bild des Jüngsten Gerichts aufgehängt wurde. Seine Tochter Maria heiratete den ersten Hofbeamten, den Landhofmeister Graf Wilhelm von Schwarzenberg, einen Sohn des Landhofmeisters Graf Christoph von Schwarzenberg.

Im Anfange der Regierung Herzog Wilhelms hatte ein anderer einflußreicher Mann alle Geschäfte geführt, aber nicht zu seinem Glücke wie Eck, sondern zu seinem bittersten Unglück: Hieronymus von Stauf von Donaustauf – dem Stammschlosse der Familie –, Herr von Ehrenfels, als Hofmeister des Herzogs erster Hofbeamter und zugleich sein erster Rat. Stauf erfuhr ein drastisches Schicksal. Er war vielleicht ein übermütiger, aber gewiß ein patriotischer Mann. Er widerriet dem Herzog, der Forderung seines Bruders Ludwig nachzugeben, der der Primogeniturordnung von 1506 entgegen Land und Herrschaft begehrte. Die Stände des Landes, damals noch sehr mächtig und dem Hofmeister, welcher strenges landesherrliches Ansehen gegen sie geltend machen wollte, sehr feind, brachten ihn um den Kopf. Er ward 1516 auf dem Salzmarkte zu Ingolstadt hingerichtet.

Herzog Wilhelm hinterließ von seiner Gemahlin Maria Jacobäa, Tochter Markgraf Philipps zu Baden, außer seinem Nachfolger nur eine Tochter Mathilde, die wieder ins badische Haus, an den Markgrafen Philibert von Baden, vermählt wurde. Von Margarethe von Hausen hinterließ er einen natürlichen Sohn, der Georg Dux von Hegnenberg hieß und sich einen Namen gemacht hat. Er war 1525 mit bei der Schlacht bei Pavia und half den König von Frankreich, Franz I., gefangennehmen. Zehn Jahre darauf, 1535, zog er mit Kaiser Carl V. nach Tunis und nahm den Gegenkönig Muley Hassan mit eigener Hand gefangen. Für jene Tat bei Pavia wurden ihm vier trauernde schwarze Lilien, für diese bei Tunis der Reichsadler mit der Inschrift »Barbaria [Ausland]« in sein Wappen verliehen. Bei seiner Verlobung mit der Hofdame Wandula Paulstorffer am 1. August 1542 verlieh ihm sein Vater das Schloß und die Herrschaft Hof- und Alt-Hegnenberg im Landgerichte Landsberg in

Oberbayern, einen ehemaligen Sitz einer alten adligen Familie dieses Namens. Die Nachkommen wurden 1790 von Kurfürst Carl Theodor als Reichsvikare zu Reichsgrafen von Hegnenberg, genannt Dux, erhoben.

Herzog Albrecht V., der Grossmütige 1550 bis 1579

Herzog Wilhelms IV. Nachfolger war sein 22jähriger Sohn Herzog Albrecht V. Seine Gemahlin war seit 1546 Anna, die älteste Tochter des späteren römischen Kaisers Ferdinand I., eine Prinzessin, die deshalb merkwürdig ist, weil von ihr im 18. Jahrhundert nach dem Aussterben der Habsburger in Österreich Albrecht VII. von Bayern, römischer Kaiser, sein Recht auf die erledigte österreichische Erbschaft ableitete.

In die erste Zeit dieser Regierung fielen der Zug des Kurfürsten Moritz nach der Ehrenberger Klause gegen Carl V. 1552, wodurch das zu Trident versammelte Konzil auseinandergesprengt wurde, der Vertrag zu Passau 1552 und der Religionsfriede mit den Protestanten zu Augsburg 1555. Der Herzog bezeigte sich, dazumal noch durch die bedenklichen Zeitläufte gedrängt, im Anfang gegen die Protestanten gemäßigt und zum Nachgeben geneigt. Durch Ausschreiben von 1556 ward der Genuß des Abendmahls unter beiderlei Gestalt und sogar Fleischgenuß an Fasttagen erlaubt. Albrecht selbst besuchte, wie man sagt, sogar freiwillig im Jahre 1561 die Predigten des evangelischen Pfarrers Pfauser zu Neuburg mit seinem ganzen Hofe. Im Jahre 1562 hatte das zersprengte Konzil seine Sitzungen wieder begonnen. Albrecht sandte an dasselbe seinen Rat Dr. Augustin Paumgartner und den Professor der Theologie zu Ingolstadt, Couvillon, einen Jesuiten aus Flandern. Er ließ die Väter den Antrag stellen, zu Vermeidung größerer Kirchenspaltung und zu Befriedigung der Gemüter in Deutschland überhaupt und in Bayern besonders die Priesterehe und die Kommunion unter beiderlei Gestalt zu gewähren, wie im Interim Carls V. schon geschehen war. Aber dieser Entwurf, der vielleicht in kurzer Zeit alle Spaltungen aufgelöst hätte, ward bekanntlich vom Konzile verworfen, da alle Bischöfe Spaniens und viele Kardinäle der römischen Kurie widersprachen. Das alte katholische Priestertum und die alte katholische Satzung vom Abendmahl unter einer Gestalt ward von neuem bestätigt, am Schlusse der Sitzungen des Konzils 1563 alle Ketzer feierlich verflucht.

Von jetzt an wirkte Herzog Albrecht V. – während Maximilian II. gleichzeitig den Protestanten Religionsfreiheit in Österreich gab, zum Teil erschreckt durch die Fortschritte, die der Protestantismus in Österreich machte – mit den Jesuiten in Bayern im allerstrengsten Eifer für den alten Glauben. Bayern ward förmlich gegen die Reformation hermetisch versperrt, die evangelischen Einwohner mußten ihre Habe verkaufen und aus dem Lande ziehen, eine Menge vermögende Einwohner Münchens, zumeist Handelsleute, sind damals in die benachbarten Reichsstädte gezogen. Schon 1570 klagte der Rat, daß viel Häuser feil und wertlos stünden und über 100 000 Gulden jährlich durch den Abgang der Steuerzahler dem Stadtfiskus abhanden gekommen seien. Alle evangelischen Beamten wurden entlassen, sogar den bayerischen Handwerksburschen war keine Reise zu den Ketzern mehr erlaubt, lutherische Bürger wurden haufenweise verbrannt, die strengste Zensur in die Hand der Jesuiten gelegt. 1569 erschien schon ein Index, ein Katalog verbotener Bücher in München. Man erforderte Berichte über Besuch des Gottesdienstes, der Messe, der Jahrtage und die Erfüllung anderer Kirchenpflichten.

Die Jesuiten schlugen ihr Hauptlager in Bayern auf. Ignaz von Loyola hatte im Jahre 1556 die förmliche Errichtung eines Kollegiums in Ingolstadt bewilligt, das man als das letzte, kurz vor seinem Tode von ihm selbst noch bestätigte seinen »Benjamin« zu nennen pflegte. 1557 ward es eröffnet, 17 Jesuiten umfassend, einen Spanier, vier Italiener, einen Franzosen, zwei Österreicher, zwei Rheinländer und sieben Niederländer und Norddeutsche. Darauf ward 1559 ein zweites Kollegium zu München eröffnet, dessen Rektor Theodor Canisius wurde, ein Stiefbruder des erwähnten Provinzials von ganz Oberdeutschland, Petrus Canisius. 1564 kam das dritte Jesuitenkollegium zu Dillingen im Bistum Augsburg noch hinzu. Von diesen drei Kollegien zu Ingolstadt, München und Dillingen aus wurden nun die Zwecke des Ordens ins Werk

5. Herzog Albrecht V., der Großmütige

gesetzt. Die erste politische Tendenz desselben zeigte sich schon 1563, wo man die bisher noch vereinigte Provinz Oberdeutschland, wozu Bayern, Schwaben, Österreich und die Schweiz gehörten, trennte. Man bildete aus Österreich und Polen eine selbständige Jesuiten-Provinz, und wahrscheinlich lag hierbei die Absicht zugrunde, daß sich in einer und derselben Provinz ein österreichisches und ein bayerisches politisches Interesse zugleich nicht wohl behandeln lasse. Eine zweite Spur der Einmischung des Ordens in fremdartige politische Zwecke tauchte in einer Schrift, die ums Jahr 1573 in München erschien, auf, die die Pariser Bluthochzeit vom Jahre 1572 verteidigte und mit Frohlocken pries.

Der Orden fing nun an, die Erziehung der bayerischen Prinzen zu übernehmen. Ein Jesuit des Münchner Kollegiums, Pater Menginus, ward Hofprediger und Beichtvater des mit einer lothringischen Prinzessin 1568 vermählten Erbprinzen Wilhelm V., dem Landshut als Residenz angewiesen wurde. Mengin war ein Landsmann der Prinzessin, ebenfalls ein Lothringer, ein stolzer, hochfahrender Mann, aber ein gewandter französischer Redner, Gesellschafter und Briefsteller. Es gelang ihm, sich das innerste Vertrauen des fürstlichen Ehepaars zu versichern.

Ganz in die Tendenzen der Jesuiten gingen auch die Räte des Herzogs ein. Zu seinen Günstlingen gehörten der Landhofmeister Ottheinrich Graf von Schwarzenberg, der oberste Kanzler Simon Thadä Eck und der Geheime Kabinettssekretär Heinrich Schweickhardt. Ottheinrich Graf zu Schwarzenberg, Herr zu Hohenlandsberg in Franken, gehörte der fränkisch-bayerischen Linie der Schwarzenberge an, die dem bayerischen Hofe vier Landhofmeister von Vater zu Sohn gegeben hat: den Grafen Christoph, einen Sohn des Schwarzenberg, welcher Kaiser Carl V. die hochnotpeinliche Halsgerichtsordnung gestellt hatte, der sich zuerst an den bayerischen Hof wandte, Scholastica, Tochter Caspars von Nothafft, heiratete und 1538 starb; dessen älteren Sohn, den Grafen Wilhelm, der sich mit Maria, Tochter des allvermögenden Kanzlers Leonhard von Eck, vermählte; den genannten Ottheinrich, dessen jüngeren Bruder; und endlich wieder dessen Sohn Wolf Jacob. Die Schwarzenberge erhielten sich in Bayern bis auf die Zeiten des Kurfürsten Max, und im Jahre 1646 starb die fränkisch-bayerische Linie ganz aus. Die

Erbtochter ward dem ersten Grafen Törring vermählt. Am brandenburgischen Hofe fungierte dann als Oberstkämmerer und Premier der bekannte Graf Adam, welchen der Große Kurfürst zu Spandau gefangensetzen ließ, und zuletzt wandten sich die Schwarzenberge an den Wiener Hof, wo sie ihre hohe Stellung, den Fürstentitel und ihr großes Besitztum erlangten. Wie in Brandenburg und in Österreich bezeigten sie sich auch in Bayern als hochgebietende Herren und eifrige Katholiken. Graf Ottheinrich, ein Herr, der durch seine üble Wirtschaft und ungemessenen Aufwand sich und das Land über und über in Schulden stürzte, stand bei Herzog Albrecht und bei dessen Sohn Wilhelm, unter dem er erst 1590 starb, in höchstem Ansehen. Er verstand sich mit der Kirche, war ein großer Jesuitenfreund und Ketzeraufspürer.

Der Hauptmann in letzterem Fach war der oberste Kanzler Simon Thadä Eck, der dritte Eck, ein Bruder des hartgesottenen Leipziger Disputators Johann Eck. Ihm hat die Gegenreformation in Bayern nächst den Jesuiten alles zu danken. Er unterhielt überall seine Späher, um sich zu versichern, daß jedermann die Messe besuche und sonst den Kirchenpflichten nachkomme.

Neben diesen Günstlingen lebten damals zwei als Gelehrte sehr berühmte Räte am bayerischen Hofe: Fugger und Hund. Hans Jacob Graf Fugger, Geheimer Rat, Hofkammerpräsident und Kämmerer, ist der Autor des bekannten »Spiegels der Ehren des Erzhauses Österreich«, der die Geschichte der Jahre 1212 bis 1519, wo Kaiser Carl V. ankam, umfaßt. Er starb 1575, 59jährig, zu München als Vater von 18 Kindern. Das Geschlecht Fugger hat sich wiederholt durch reichen Kindersegen bemerklich gemacht.

Wiguläus Hund, aus einem aus Salzburg stammenden Geschlechte, Herr auf Sulzenmoos und Lauterbach, war Kanzler und Hofratspräsident und ist der Verfasser des »Bayerischen Adels-Stammbuchs« und der »Salzburgischen Metropolis«. In dem Manuskript des dritten Teils seines »Stammbuchs« führt er selbst seine Lebensumstände an. Er ward 1514 geboren, ging in Augsburg zur Schule, wo Conrad Rehlingers Hausfrau [Witwe des reichen Jacob Fugger] seine Muhme war und wo er mit dem nachmaligen berühmten Reichsvizekanzler Dr. Seld Jugendfreundschaft stiftete. 1530 kam er unter der Aufsicht von Johannes

Agricola nach Ingolstadt, besuchte 1535 die hohe Schule des Rechts zu Bologna mit Unterstützung der Rehlingerschen Familie, wurde 1537 Professor der Rechte in Ingolstadt und 1540 Hofrat zu München. Er war dreimal vermählt. Mit dem Vermögen seiner ersten Frau, einer Witwe des Hofrats Schwab, geborene Kemmater, erkaufte er das Stammgut der Familie, die Hofmark Sulzenmoos. Vom Jahre 1548 bis 1551 fungierte er, vom bayerischen Kreis zum Beisitzer des Kammergerichts gewählt, als solcher in Speyer. Darauf begab er sich als niederbayerischer Kanzler zu Landshut in sein Vaterland zurück, hielt sich meist in München auf und ward 1552 bleibend für München bestellt. 1553 schloß er namens Bayern den Heidelberger Bund ab. 1555 erhielt er die Pflege Dachau und vom Augsburger Domkapitel die Probstei Geisenhausen. Zum zweiten Male verheiratete er sich 1554 mit einem Hoffräulein Anastasia von Frauenberg, welche nach 15 Jahren 1569 in ihrem 12. Wochenbett verschied. 1570 entschloß sich der nun 56jährige Herr, »eine betagte, ehrliche Jungfrau, die ihm nützer als eine junge« sei, Ursula von Pienzenau, zu ehelichen, mit der er »im kleinen Tun« Beilager gehalten. 1576 erscheint Wiguläus Hund als Hofratspräsident. Er starb den 18. Februar 1588 zu München, wo er in der Franziskanerkirche begraben liegt. Unter seinen Kindern waren vier Söhne: Albrecht, Hofrat in Straubingen, der im Duell getötet wurde, Wiguläus, geboren 1558, Hans Wilhelm 1560 und Christoph 1568. Mit dem Urenkel des Sohnes Wiguläus, namens Christoph Ferdinand, erlosch 1668 die Linie des berühmten Kanzlers.

Im Jahre 1576 erwarb Herzog Albrecht V. mit seinem jüngsten Sohne Ernst, der seit 1566 Bischof von Freising war, ein Jubeljahr vom römischen Stuhle. Drei Monate lang ward völliger Ablaß der Sünden erteilt. In demselben Jahre wurden die Gebeine des heiligen Benno, des Slavenbekehrers und Bischofs von Meißen, von Sachsen, wo man nichts mehr von ihm wissen wollte, nach München geführt. Er hatte nie das Bayernland betreten, wurde aber jetzt sein erwählter Schutzheiliger gegen Hungersnot und Pestilenz. Zum Schutz der Feldsaaten wurden sogar in allen Kirchen wider die Fledermäuse Gebete zu diesem Heiligen angeordnet. München wurde nun recht das, was sein Name Monachium besagt, eine Mönchsstadt, ein Mönch war auch das Wappen der Stadt.

Die Jesuiten haben von Anfang ihres Auftretens an die Pracht neben der Andacht begünstigt. Herzog Albrecht war der erste Fürst von Bayern, der in ihre Prunktendenzen einging, um sich vor seinen Untertanen mit fürstlichem Glanz und Schimmer zu zeigen und dadurch seine Autorität zu steifen. Die Hochzeit seines 21jährigen Erbprinzen Wilhelms V. zu München 1568 mit der lothringischen Prinzessin Renata ward mit größter Verschwendung begangen. Zu Ausstattung und Vermählung bewilligte die Landschaft die ungeheure Summe von 190 000 Gulden. Lange vorher schon waren Boten nach Rom und Spanien, nach Wien und Florenz und durchs ganze deutsche Land geschickt worden, um Papst, Kaiser, Könige und Fürsten einzuladen. Wolf Stockhamer ging, den Papst einzuladen, nach Rom, Graf Löwenstein und Dr. Paumgartner, den Kaiser einzuladen, nach Wien, und Ludwig Welser, den König von Spanien und seinen Prinzen einzuladen, nach Madrid. In einer alten Hofrechnung sind 488 Gulden, 306 Gulden und 641 Gulden Kosten dafür aufgerechnet. Eine unübersehbare Menge von Gästen fand sich ein. Die Braut ward von dem Herrn von Maxelrain und Ritter Georg Preysing aus Lothringen »herbeleitet«. In der alten Hofrechnung wurden die Kosten zu 865 Gulden berechnet und noch 50 Gulden nachträglich für Preysing.

Vom 21. Februar bis zum 10. März dauerten die Festlichkeiten der Hochzeit. Auf die Turniere, die Ring- und Scharfrennen [Turniere mit scharfen Waffen] folgten Tanzlustbarkeiten und auf diese Feuerwerksglanz. Den Preis im Turnier trug ein bayerischer Herr Caspar Nothafft von Achalming davon. Als eine besondere Art komischer Turniere wurden sogenannte Kübelstechen angestellt, wo die Ritter zu dicker Ungestalt ausgestopft, von Blumenschnüren umzogen, sonderbar gemalte Kübel statt der Helme auf den Köpfen tragend, auf Sätteln, die nicht gegürtet waren, mit stumpfen Lanzen aufeinanderrannten und sich zu leichtem Falle brachten zur freudigsten Ergötzlichkeit der Zuschauer. Beim Hochzeitsmahle zeigte sich noch der ganze kopiöse [reichliche] Luxus, mit dem Speise und Trank den Riesenmägen der turnierenden Ritter des Mittelalters zugeführt wurden. Es wurden auf einmal 300 Speisen aufgetragen. Unter anderen ward eine Pastete von kolossalen Verhältnissen serviert. Aus ihrem Innern stieg ein drei Spannen langer

Zwerg heraus und spazierte auf der Tafel herum. Er trug einen kleinen, schönen vergoldeten Küraß, hielt ein Fähnlein in der Hand und grüßte die Gäste ganz freundlich und zierlich. Dieser Zwerg, der Thomele hieß, gehörte dem Gemahl der schönen Philippine Welser.

Die Kosten dieser prächtigen bayerischen Hochzeit verrechnet eine von Westenrieder mitgeteilte Hofrechnung auf 125 604 Gulden. Darunter befinden sich unter anderen solche Posten: »Den Wirten zu München für Auslösung der Fürsten und Herren Gesind: Suppen, Abend- und Schlaftrunk [...] Summa: 31 774 Gulden [...] Den Turisanischen und Mitverwandten in Nürnberg um Waren: 6854 Gulden. Mehr dito: 4393 Gulden [...] Item Abraham Lotter und Max Krause, Goldschmieden in Augsburg, um Kleinodien: 6142 Gulden [...] Item der Herzogin von Florenz um überschickte güldene Tücher: 944 Gulden. Item um ein grün gülden Tuch: 549 Gulden [...] Den Krafterischen Erben in Augsburg um seidne Waren: 4364 Gulden. Mehr dito: 1630 Gulden [...] Item [...] was in der Kuchel [Küche] verbraucht worden laut Kuchlschreibers Register: 14 310 Gulden [...] Dem Alten von Salzburg um süßen Wein: 1736 Gulden.«

Hans Wagner, Kanzleiverwandter zu München, und Heinrich Wirre, oberster Pritschenmeister in Österreich, haben alle Festlichkeiten dieses stattlichen Beilagers in Folio, mit Holzschnitten illustriert, herausgegeben, und letzterer hat sie auch in deutschen Knittelversen besungen. Nachträglich muß noch erwähnt werden, daß auch die bei solchen festlichen Gelegenheiten nie fehlenden Väter der Gesellschaft Jesu sich mit Aufführung eines Trauerspiels hervortaten, betitelt: »Der starke Samson«.

Herzog Albrecht V. ist von seinen Zeitgenossen »der Großmütige« zubenannt worden. Diese Großmut betätigte sich vornehmlich in dem prunkvollen Aufwande, den er machte. »Ist«, heißt es einmal in der von Westenrieder mitgeteilten Hofrechnung, »Herzog Albrecht ein gottesfürchtiger, stattlicher und gar vernünftiger Herr gewesen, der gelehrte und kunstreiche Leute fast lieb hatte und Bayern zieren wollte von innen und von außen.« Herzog Albrecht wollte Bayern und namentlich die Hauptstadt zum Hauptsitz der neuen Jesuitenkunst machen. Es zeigte sich bei ihm schon die ganze gleiche Überschwenglichkeit in dieser

Richtung, wie sie sich bei König Ludwig wiederholt hat. München, obgleich in rauher Luft und in einer Sandwüste gelegen, sollte damals die glänzendste Oase der Jesuitendevotion werden. Es wimmelte schon damals am Münchner Hofe – außer einer reichen Schar von Hofdienern – von Scharen von Malern, Bildnis- und Glasmalern, von Kupferstechern, Bildschnitzern, Bildhauern und Steinmetzen, es wimmelte von Spielleuten und Tänzern, von Narren, Spruchmachern und Kurzweilern, von Diamant-, Rubin- und Kristallschneidern, von Goldschmieden und Juwelenhändlern, von Teppichwirkern, Seidenstickern, Putz- und Federmachern, Büchsen- und Harnischmachern, Feuerkünstlern und was dergleichen Leute mehr sind, die die mannigfaltigen Dinge lieferten, welche bei den weltlichen und kirchlichen Festen des Hofes gebraucht wurden.

Albrechts Hofleben war eine Kette solcher Feste. Wenn er Gäste hatte, wenn er Kirchen besuchte, wenn er auf Wallfahrten ging – in allem zeigte sich seine überschwengliche Liebe zur Pracht. Die Gemächer seines Palastes zu München waren mit allem geschmückt, was die neu hervorgerufene Jesuitenkunst geschaffen hatte, auch die Lustschlösser wurden in demselben Stile montiert. Auf dem Starnberger See, im bayerischen Tirol, hielt der Herzog sich eine kleine Lustflotte, eine sogenannte »königliche Fregatte«, drei Schiffe von Lärchenholz mit eichenen Säulen und zierlich geschnitzte, bunt bemalte und vergoldete Gondeln. »1575«, heißt es einmal in der erwähnten Hofrechnung, »ist das große Hagelwetter zu Starnberg gewest, ist der Herzog gerade auf dem See gefahren, hat die Leute und das Schiff jämmerlich abgeklopft, aber dem Herzog, gottlob, nichts geschehen. Ist seine liebe Gemahlin nebst andern Frauenzimmern mehr dabeigewest, haben gebebet und gezaget, daß der Herzog Trost zusprechen müssen, aber nichts geschehen.«

Die bedeutendste Kunststiftung, die Herzog Albrecht in Bayern hinterließ, war seine berühmte Kapelle. Sie war die zu seiner Zeit vielleicht ausgezeichnetste in ganz Europa, und einer der größten Komponisten aller Zeiten, Orlando di Lasso, stand ihr vor. Dieser moderne Orpheus, wie ihn seine Zeitgenossen nannten, stammte aus der Pflanzschule der Musik, den Niederlanden, er war im Hennegau geboren. Albrecht

6. Orlando di Lasso

berief ihn 1557 an seinen Hof, 1562 ward er Kapellmeister mit dem bescheidenen Gehalt von 400 Gulden. Kaiser Maximilian II. verlieh ihm 1570 den Adel, 1594 starb er zu München. Orlando di Lasso ist der unsterbliche Meister der berühmten Motetten, die seine vier Söhne im »Magnum Opus musicum« gesammelt haben. Unterkapellmeister war Johannes a Fossa, Orgelschläger Josephus de Lucca. Dazu waren im Jahre 1577 insgesamt 17 Sänger, sieben für die tiefe, sieben für die Mittel- und drei für die hohe Stimme, und dazu 28 Instrumentalisten, sieben Geiger, elf Posauner, neun Trompeter und ein Pauker, in beständigem Solde. Durch diese Kapelle ward nicht nur die Kirchenmusik versorgt, sondern auch die italienische Oper eingebürgert. Sie führte in italienischer Sprache gedichtete und gesetzte Singspiele auf, dazu kamen italienische Pantomimen, mit Tänzen untermischt, die von wandernden Italienern gegeben wurden.

Herzog Albrecht hat den Grund zu dem Gemäldeschatz Münchens und zu der Bibliothek gelegt. Er berief aus Florenz unter anderen den Maler Peter Candid, einen Schüler Vasaris, eigentlich de Witte genannt, geboren 1548 zu Brügge. Er hat die 1500 Fuß lange und mit 25 offenen Bögen erhellte Galerie am Hofgarten mit Fresken geschmückt. Der Münchner Rottenhammer, der deutsche Tintoretto, und Christoph Schwarz florierten zu Herzog Albrechts Zeit, jener in Augsburg, dieser als Hofmaler in München. Alles, was nur bemalt werden konnte, wurde bemalt. 1572 wird eine gemalte Wiege für den Hof erwähnt und 1589 vergoldete und gemalte Wachskerzen zu Lichtmeß.

Herzog Albrecht legte auch den Grund zu der berühmten königlichen Schatzkammer, dem Antiquarium und dem Münzkabinette. In seiner Kunstkammer häufte er alte Münzen, Gemmen und andere Kunst- und Naturkostbarkeiten aller Art auf. »Item für eine Rüstkammer von H. Reymundt Fuggern erkauft um 3000 Gulden«, heißt es 1568. Aus Venedig kamen einmal 1571 »zehn Truhen mit Antiquitäten« und 1579 »steinerne Bilder [Statuen]« von eben daher. 1596 bestand das Verzeichnis der Kunstkammer schon aus 3349 Stücken. In seinen Zwingern hielt Herzog Albrecht gezähmte wilde ausländische Tiere, Löwen und Leoparden, ein zahmer Löwe begleitete ihn auch, wie Kaiser Rudolf II., durch die Zimmer seines Palastes in München.

Herzog Albrecht stiftete eine Menge neuer Schulen in seiner Hauptstadt und im Lande, und 1569 gab er eine allgemeine Schulordnung für Bayern. Sie war im Geiste der Jesuiten. Auf den Knien, andächtig und züchtig, überlaut betend, ward der Tag begonnen, das Büchlein von geistlicher Lehre des Canisius, der katholische Große und Kleine Katechismus, wurde dem Glaubensunterricht zur Grundlage gegeben, die Schulmeister angewiesen, »sie sollen wissen, daß es mit unserer heiligen Religion mehr um demütige Einfalt als freche, spitzfindige und vermeinte Wissenschaft« zu tun sei. Zuweilen fanden öffentliche Prüfungen statt, die die Jesuiten mit vieler Leutseligkeit und besonders großer Prunkausstellung hielten, um Aufsehen, Bewunderung und Anhänglichkeit beim Volke zu erhalten. Mit diesen Prüfungen verbanden die Jesuiten lateinische Schau- und Singspiele, wobei ebenfalls die damalige burlesk-heilige Poesie mit Musik und Bühnendekoration verbunden war, neben den Heiligen spielten die Teufel, die sogenannten Schauteufel, die Lustigmacher- und Possenreißer-Rolle. Es gab damals eine eigene Poetenschule des Gabriel Kastner in München. Die Universität Ingolstadt ward nach und nach die Hauptuniversität des altgläubigen Deutschlands, ihre Professoren verfehlten nicht, ihre Geisteswerke dem dafür gnädig sich erzeigenden Herrscher zu Füßen zu legen. In dem Ausgabenverzeichnis des bayerischen Hofes vom Jahre 1575 heißt es: »Magistro Valentino, Professor zu Ingolstadt, von wegen Macherei eines Buchs und dessen Dedizierei [Widmung] 20 Gulden.«

Man nannte Herzog Albrecht V. den »Vater der Musen, den Prächtigen, den Goldbrunnen, durch den alle Gebiete der Wissenschaft und der Künste überströmend befruchtet« würden. Er war auch von Ansehen ein stattlicher Herr, ein rundes Gesicht voll Würde und Gravität, ein dicker Glatzkopf, ein spannlanger schwarzer Kinn- und Knebelbart, volle Gestalt, seine Kleider waren immer mit Gold, Edelsteinen und Ketten geschmückt. Er erschien nie ohne ein prunkvolles, reiches Gefolge. Ebenso prächtig und stattlich angetan war seine Gemahlin, die Kaiserstochter Anna. Auch ihre Kleider von Samt- und Seidenstoff, deren bauschige Ärmel an den Achseln aufgeschnitten waren, waren mit Juwelen behängt, um den Hals trug sie die zartesten Spitzenkrausen, das aufgeschlagene Goldhaar war gewöhnlich von einem kronenartigen Goldreife umspannt.

Aber das Land dieser prächtigen Herrschaft verarmte über der Pracht des Hofes. Immer höher und höher wurden die Steuern getrieben, 1568 klagte die Landschaft, daß sie vervierfacht worden seien. Die erhöhten Aufschläge auf Bier, Fleisch und andere unentbehrliche Lebensbedürfnisse machten das noch sehr wohlfeile Leben schon weit teurer, als es früher war. Der Druck der Abgaben fiel endlich so schwer, daß viele Dienstboten brotlos wurden, Bürger sich aus Städten und Märkten entfernten, selbst mehrere Schlösser des Adels feil wurden.

Schon damals empfand des bayerische Volk am schwersten den erhöhten Aufschlag auf die Getränke. Die Landschaft brachte laute Klagen darüber an, aber der Herzog, dem sein hochgebietender Minister, der Landhofmeister Graf Ottheinrich von Schwarzenberg, zur Seite stand, wies sie barsch zurück mit den Worten: »Wer Wein trinken will, dem wird er fürwahr mit dem einigen Pfennig nicht verleidet, den er mehr zahlen muß. In anderen Ländern ist auch Getränkesteuer, mehr denn hier; das mindert Gewerb, Hantierung und Reisen nicht.« Um sich ganz sicher zu stellen, ließ Herzog Albrecht von seinem Schwager, Kaiser Maximilian II., 1566 das schon 1546 von Kaiser Carl V. erwirkte Privilegium, kraft welchem die Aufschläge, auch wenn der Zweck erfüllt war, der sie veranlaßt hatte, von der Landschaft nicht wieder aufgehoben werden konnten, noch mit der weit umgreifenderen Freiheit bestätigen, daß nicht nur die Aufschlags-Einnahmen der Landschaft entzogen, sondern sie von dem Herzog auch über das Festgesetzte noch erhöht werden könnten. So verwandelte der Herzog die früher freiwillig gegebenen Steuern in Zwangssteuern. Er ließ den Ständen auf ihre Klagen 1568, in dem Jahre, wo die splendide Heirat des Erbprinzen war, zurückentbieten: Wollen die Stände nicht gutwillig, alsdann sollen sie seiner fürstlichen Gnaden nicht für ungut halten, daß dieselben, was sie begehren, selbst ins Werk stellen.

Eine schwere Not machte dem Land nächst der übermäßigen Hofpracht auch die übermäßige Jagdlust des Herzogs. Er hegte einen bedeutenden Wildstand. Nach der Landesordnung von 1553 durften nur der Adel und die Geschlechter aus den Städten Hasen, Füchse und fliegendes Wildbret schießen oder fangen, der Landmann nicht, ja dieser durfte nach einer Verordnung des Herzogs von 1567 nicht einmal seine Ackerfelder mit hohen, spitzigen Zaunpfählen umhegen. Der Herzog befahl, sie auszureißen, damit die Rehe und Hirsche sich daran nicht schädigen möchten. Jeder Landmann, der ein Wild erlegte, mußte auch schwere Buße erlegen, wiederholte er sein Vergehen, so ward er Landes verwiesen oder gehenkt. Das Land war voll von aus entlassenen Söldnern und Landsknechten zu Dieben und Räubern gewordenen zuchtlosen hungrigen Landstreichern und Strolchen aller Art. Dennoch aber ließ der Herzog den Landleuten, mit Ausnahme der Grenzdörfer, alles Schießpulver wegnehmen. Die Folge war, daß viele Bauern ihre Güter aufsagen mußten. Beim Landtage von 1570 ward angeführt, daß die Leute sich genötigt gesehen hätten, Brot von Baumrinde zu essen.

Herzog Albrecht V., der Großmütige oder auch der Prächtige zubenannt, starb zu München im Jahre 1579, 51 Jahre alt. Außer seinem Nachfolger hinterließ er noch zwei Söhne und zwei Töchter. Der älteste Sohn, Wilhelm V., sukzedierte. Der Zweitgeborene, Ferdinand, schloß 1588 eine Mißheirat – die das Pendant zu der österreichischen mit Philippine Welser bildet – mit der schönen Maria Pettenbeck, der Tochter eines Münchner Rentschreibers und Landrichters. Dieser Prinz Ferdinand war es, welcher im Jahre 1583 für seinen jüngsten Bruder Ernst die Kur Köln erstritt, welche seitdem fast 200 Jahre lang beim Hause Bayern blieb. Er starb 1608, und für sein Geschlecht war ihm durch Kaiser Rudolf II. 1589 die Zusicherung gegeben worden, daß es zur Eventualsukzession in Bayern kommen solle – die protestantischen Pfälzer sollten durchaus ausgeschlossen sein. Einen reichen Segen von 16 Kindern hatte ihm seine schöne Maria geboren. Sie wurden sämtlich durch Kaiser Ferdinand II., der 1602 die gleiche Zusicherung wie Kaiser Rudolf II. gab, zu Reichsgrafen von Wartenberg erhoben. Von diesen 16 Kindern stieg der älteste Sohn, Graf Franz Wilhelm von Wartenberg, der hintereinander 1625 Bischof von Osnabrück, 1629 von Minden, 1630 von Verden und 1649 von Regensburg geworden war, 1660 zur Kardinalswürde und starb das Jahr darauf. Die sämtliche Pettenbecksche Nachkommenschaft erlosch aber 1736 mit dem Grafen Max Emanuel von Wartenberg, der in der Ritterakademie zu Ettal an einem verschluckten Pfirsichkern erstickte. Der jüngste Prinz Ernst war geistlich. 1566, schon mit 13 Jahren, ward er Bischof von Freising, dazu erhielt er 1573 das Bistum Hildesheim, 1580 ward er auch Bischof von Lüttich, und 1583 kam noch das Kurfürstentum Köln dazu, das ihm sein Bruder Ferdinand über Gebhard Truchseß von Waldburg erstritt, der es hatte reformieren und säkularisieren wollen; schließlich ward er noch 1585 Bischof von Minden und starb 1612.

Von den beiden Prinzessinnen Herzog Albrechts V. ward die ältere an Erzherzog Carl von Österreich von der Linie Steiermark, Bruder Kaiser Maximilians II., vermählt. Sie ward die Mutter des Kaisers Ferdinand II., der Österreich wieder katholisch gemacht hat, und starb im Jahre 1608. Die zweite Prinzessin Marie Maximiliane ist unvermählt 1614 gestorben.

Herzog Wilhelm V., der Fromme 1579 bis 1598

Des prächtigen Herzog Albrechts V. Nachfolger war sein ältester, seit 1568 mit der lothringischen Prinzessin Renata vermählter Sohn Herzog Wilhelm V. Er war der erste Zögling der Jesuiten unter den bayerischen Fürsten, er war ganz mönchisch-fromm von ihnen erzogen, ließ sich ganz von ihnen leiten und übertraf sie noch an Devotion. Sie priesen ihn deshalb, wie später die Kaiser Ferdinand II. und Leopold I., über alle Maßen und stellten den unvergleichlich »frommen« Herren aller Welt als Muster auf. Seit seiner Zeit hießen Altbayern und Tirol nur »die Zünfte Benjamin und Juda«. Was Spanien in Europa, ward Bayern in Deutschland.

Wilhelm V. trug Kahlkopf und schwarzbraunen Zwickel- und Kinnbart wie sein Vater. Obwohl stark von Knochenbau, war er aber doch von zarter, schwächlicher Natur; das hatte ihn zu dem klösterlichen Leben geneigt gemacht, welches er zeither – er war schon 31 Jahre alt – geführt hatte. Er setzte es auch als Regent fort. Während er den Rosenkranz und das Agnus Dei [»Lamm Gottes« – Gebetshymnus im katholischen Gottesdienst] betete, Messe hörte, wallfahrtete, versahen seine Räte, an deren Spitze der hochgebietende, prächtige und verschwenderische Landhofmeister Graf Ottheinrich von Schwarzenberg, den Staat. Auch an Geist war Wilhelm V. nicht stark. Früher liebte er noch das Weidwerk, das Scheibenschießen und das Ballspiel. »Item der Herzog«, heißt es in der oft erwähnten Hofrechnung zum Jahre 1583, »der schlug jezuweilen Ballon; einstmal 80 bare Gulden verspielt hat.« Zum Jahre 1584: »Item Jacob Schrenken von Innsbruck für eine silberne vergoldete Sau, so Seine fürstl. Gnaden auf dem Schießen zu Innsbruck zu sich nehmen und derselben Fr. Mutter zustellen lassen, 11 Gulden.« Später entsagte Wilhelm auch diesen Lustbarkeiten. Nachdem er in 20jähriger Ehe bis zum Jahre 1587 mit seiner Gemahlin zehn Kinder erzeugt hatte, lebte er fortan mit ihr in der Kontinenz [Enthaltsamkeit].

Nur die Kunstliebe behauptete lange über sein sonst den Weltdingen abholdes Gemüt Gewalt. Hierin bezeigte er sich prächtig wie sein Vater. Er vermehrte noch die Kapelle unter Orlando di Lassos Leitung. Es finden sich unter den »Kantoreipersonen«, die meistens Italiener waren, auch im Jahre 1593 in der alten Hofrechnung »sechs kastrierte Buben«. Ebenso vermehrte er die Hofmaler und die Gemälde. Peter Candid, der Maler der Hofgartengalerie, erhielt seit 1586 jährlich 360 Gulden, seit 1594 sogar 500 Gulden und die Farben extra, der aus Trident neuberufene Anton Maria Viviani jährlich 180 Gulden Pension. »Item Herzog Wilhelm hat, vom Jahre 1580 angefangen, sonderbar alle Jahre eine Summe von 400 Gulden für Malerei bestimmt.« 1581 erhielt Christoph Schwarz allein 400 Gulden »pro Machung des Altars bei den Herren Jesuiten auf dem Saale allhier« und 1586 nochmals 200 Gulden für »verrichte Arbeit in des Herrn Fürsten Kirchenstübl«. Wiederholt finden sich Posten für nach Italien der Ausbildung wegen verschickte Maler verrechnet. Auch die Bücher wurden berücksichtigt. Zum Jahre 1585: »Dem Hubrecht Caymac, Buchhändlern, um ein Buch ›Beschreibung des Niederlands [...]‹, sieben Gulden«. Zum Jahre 1594: »Item dem Andre Hörl pro Ausgab und Unkosten, welche er der fürstl. Bibliothek und Herführung der Werdensteinischen Bücher halber ausgelegt, 217 Gulden.« Wolfgang Pronner erscheint als »Bibliothekär«, dem Dr. Joh. Ritter 1590 mit 200 Gulden jährlich folgte. Auch las der Herzog die

7. Herzog Wilhelm V., der Fromme,
und seine Gemahlin Renata von Lothringen

8. Landshut

Fuggerische Zeitung. Zum Jahre 1585 sagt die Hofrechnung: »Item Stephan Neumiller, Fuggerischer Diener, so die neue Zeitung wöchentlich hierher schickt, 26 Gulden.«

Mit großer Pracht empfing Herzog Wilhelm am Fronleichnamstage 1585 zu Landshut zum »Orden vom Goldenen Vlies«, den Philipp II. aus Spanien ihm sandte, den Ritterschlag aus der Hand Erzherzog Ferdinands von Österreich. Am prächtigsten erzeigte er sich gegen die Kirchen und Klöster. Als er 1585 seine Wallfahrt nach Loretto mit nur vier Personen antrat, schenkte er der hochgelobten Jungfrau daselbst jenen massiven, 80 Pfund schweren silbernen Hängeleuchter von bewunderungswürdiger Arbeit, der das heilige Haus jahrhundertelang erleuchtet hat, nebst vielen anderen Kunstwerken, Kleinodien und Diamanten. Sein Hauptmonument ist das große Jesuitenkollegium, das er seinen teuern Lehrmeistern zu München erbaute und das an Pracht alle anderen in Deutschland weit überglänzte. Er ließ es für 70 Professen [Ordensmitglieder] in den Jahren 1584 bis 1597 ausführen. Ein ganzer Schwarm von zum Teil italienischen Baumeistern, Bildhauern, Stukkateuren, Malern und Illuministen ward dazu verwendet. Selbst Wilhelms Mutter, Anna, stellte ihrem Sohn vor, er könne sich dadurch um Land und Leute bringen. Der Herzog tröstete sie aber damit, daß er dafür vier Klöster und die geistliche Dezimation [Erhebung des Zehnten] erhalten habe, die auch auf 100 000 Taler anzuschlagen sei. Nur der Escorial [berühmtes spanisches Klosterschloß] übertraf dieses Münchner Jesuitenkollegium in Europa an Pracht und Größe, es hatte 800 Fenster und lange, marmorgepflasterte Gänge. Ärmlich dagegen war Wilhelms eigener Palast, die sogenannte Wilhelminische Residenz, später die Herzog-Max-Burg genannt, zu welcher er aber seit 1578 die sogenannte »Neue Veste«, die nachher von Max vollendete kurfürstliche Residenz erbauen ließ.

Als das neue Kollegium der Jesuiten am 6. Juli 1597 feierlich eingeweiht wurde, waren aus der Nähe und Ferne eine Menge fremde geistliche und weltliche Herren gekommen. 2000 Personen wurden öffentlich gespeist, die Fürsten vernahmen an der Tafel, wo sie saßen, ihr Lob in lateinischen, griechischen und hebräischen Gedichten aus dem Munde der ehrwürdigen Väter der Gesellschaft Jesu. An einem der folgenden Tage führten ihre Zöglinge auf offener Straße das große prächtige Schauspiel: »Kampf und Triumph des Erzengels Michael gegen Luzifer« mit eigens dazu vom Kapellmeister Georg Viktorin komponierter Musik und Gesang auf, es agierten und sangen dabei im Chore manchmal zusammen an 1000 Personen. Alle Dekorationen waren prächtig. Mit schauderndem Entzücken sah das Volk den Erzengel mit seinen 300 Teufeln in die Flammen des Höllenpfuhls hinabstürzen.

Solche geistliche Schauspiele und Feste liebte Herzog Wilhelm V. am meisten und entfaltete in ihnen eine verschwenderische Pracht. Er selbst entwarf dabei das Zeremoniell. Für das katholische Hauptfest, den schönen »Antlaß [Anlaß]«, die Fronleichnamsprozession des Jahres 1580, wurden folgende Vorschriften für München erteilt: »Die Person Gottes des Vaters sei lang, gerade, stark und wohlformiert [...]« Auch war ihm anbefohlen, einen stetigen Gang an sich zu nehmen, wenig umzusehen und »nicht sauer noch lächerlich, sondern fein sittsam« auszusehen. In Ansehung der Person Christi solle man, heißt es weiter, 14 Tage vorher Obacht auf den Straßen, in den Kirchen und so weiter fleißig haben, »um Personen zu ersehen von gehöriger Manneslänge, nicht zu dicke, von guter, gesunder Farbe, wohlgebildetem länglichen Angesicht, ohne unförmliche Nasen, Schielen und Zahnlücken, von feinen Physiognomien, nicht langen, grauen, sondern ziemlich kurzen, kastanienbraunen oder noch etwas lichteren Bärten mit zwei Spitzen, auch sonst am Leibe nicht tadelhaftig, insonderheit aber sittsam und gottesfürchtig«. Ferner hatten 16 Marien aufzutreten, deren die letzte und schönste, im Gewölk fahrend, den Fuß auf Mondschein, »fein sittsam, doch fröhlich« aussehen mußte. Die Hohepriester sollen teils »dicke, lange, graue Bärte, teils gar kurze Knebelbärtchen, zwei kleine Zipfel am Kinnbacken, dicke, aufgeblasene Gesichter« haben, sonst auch von Leib dick sein, oder aber, wenn ihnen dies fehle, habe man Kissen einzuschieben. Ähnliche Instruktionen erhielten die Pharisäer, Schriftgelehrten, Hirten, Henkersknechte, Riesen und Pharaonen, Adam und Eva, scheinbar nackt, und die Götter des Olymps. Zu den Riesen Goliath und Urias wurden zwei lange Schmiede verschrieben. St. Georg als Retter der heiligen Königstochter Margaretha mußte noch ganz besonders ein schöner und der stärkste Mann der ganzen Stadt

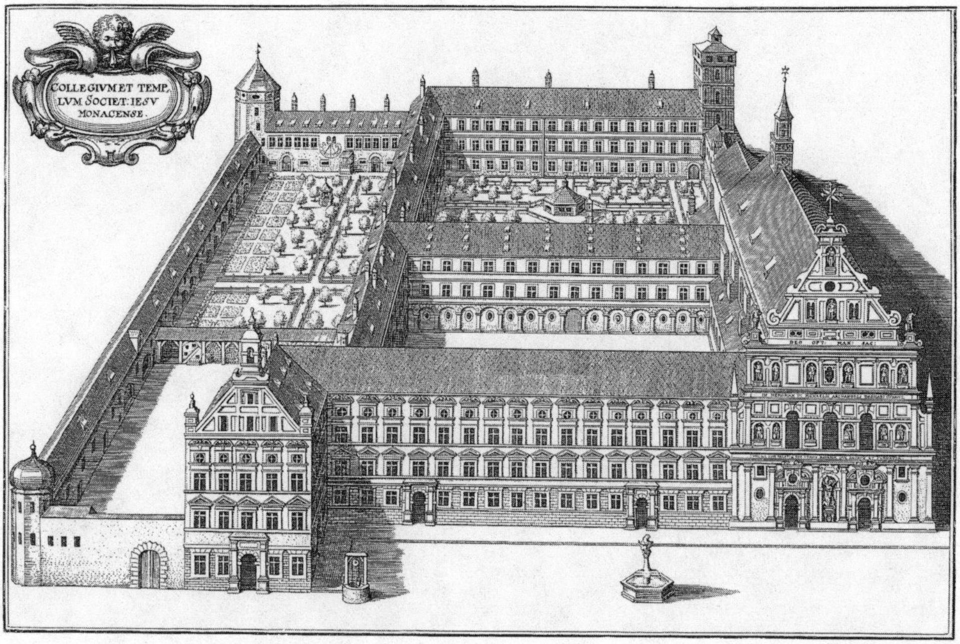

9. Jesuitenkollegium in München

sein, um den Rachen des sie bedrohenden Lindwurms stark und richtig zu durchbohren, daß die darin verborgene riesige Blutwurst alles Volk umher unter Gelächter mit dunklem Blute übergösse. Dem Teufel, der Feuer ausspie, gab man einen halben Gulden und alle Materialien wie Schwefel, Branntwein und Baumwolle. Dann folgten bei dieser Fronleichnamsprozession noch alle Brüderschaften in ihren Kutten, alle Stadtzünfte mit ihren Fahnen. Rotten geputzter Kriegsknechte eröffneten und schlossen den Zug in langen Reihen mit Bannern, Kreuzstäben, Zweigen, brennenden Lichtern, Blumen und Rosenkränzen.

Der Lizentiat Ludwig Miller verfaßte eine Beschreibung dieses schönen »Antlaß von 1580«. Sie ist in den Beiträgen Westenrieders aus den Manuskripten des Münchner Augustinerklosters im Auszug mitgeteilt, das ganze umfaßt einen Folioband von nicht weniger als 595 Blättern. Der Autor erhielt vom Hofe 1582 »wegen Ordnung und Verrechnung des schönen Antlaß 797 Gulden« und 1586 1297 Gulden.

Es war natürlich, daß es bei diesen heiteren Prozessionen auch sehr heiter, ja wohl ausgelassen und ausschweifend zuging. Jedes Städtchen, jedes Dorf, jedes Haus kannte seinen Schutzheiligen, dessen Gelübde und Feste mit Umgängen, Gesängen, Lichtern, Blumen und einer Menge Lustbarkeiten zu feiern waren. Selbst der Herzog, so devot er war, liebte zur Abwechslung Gaukeleien und Narreteien. So heißt es in dem alten Ausgabenverzeichnis des Hofes beim Jahre 1580: »Wastian Zechen, dem Kammerdiener, um einen narreten, fast kunstreichen Spiegel, der schlagen und wecken tuet, auch deutsche und welsche Uhr zeigen tuet, 38 Gulden.«

Im Bayernland zeigte sich das neukatholisch-jesuitische Leben gar frohsinnig und behaglich. Die vielen Kirchen- und Heiligenfeste, die Prozessionen und Wallfahrten waren willkommene Freudentage und Volksfeste. Wie einst die Nachfolger des schwärmerischen heiligen Franziskus von Assisi im 13. Jahrhundert, so brachten auch jetzt die Jünger Ignaz Loyalas vornehmlich den Kult der Heiligen Jungfrau wieder in Aufschwung, und ganz besonders geschah dies in Bayern. Die Mutter Gottes hatte hier ihre tausend Tempel, Altäre, Bethäuser. Ihr Bild hing in allen Zimmern, man traf es an den Häusern und an den

Stadttoren, in den Fahnen und Wappenschildern. Sie hieß »die Morgenröte, das Zimmetrohr, die Lilie, die Sonne der Seelen« in der Sprache der inbrünstigen Andacht. Weltberühmt waren die Gnadenbilder zu Altötting, zu Mariahilf bei Passau und zu Ingolstadt. Die Jesuiten rühmten: »Wenn die Heilige Jungfrau nochmals ein irdisches Vaterland wählen sollte, Bayern käme gewiß in die Wahl.« Sie nannten München »das deutsche Rom«.

1563 schon war die erste Gesellschaft der unbefleckten Empfängnis Mariä und 1576 die erste marianische Brüderschaft in Dillingen und von ihr ausgehend 1577 die in München gestiftet worden. Seit 1580, gleich nach dem Regierungsantritt Wilhelms V., ließen die Jesuiten auch den Hof das Schauspiel der Fußwaschung am Grünen Donnerstage geben. Sie waren – die Jesuiten – ihres Glücks in Bayern schon so froh und sicher, daß sie anfingen, burleske Streitschriften gegen die benachbarten schwäbischen Lutheraner auszulassen. Und der Hof kaufte diese Bücher. 1586 heißt es in der Hofrechnung: »Item dem David Sartorio, Buchdruckern zu Ingolstadt, p. 834 Exemplare des Herrn Dr. Wiguläus Hunds gemachten bayerischen Adelsstammbuch und auch 30 Exemplare Georgi Scherers wider die Wirtenberger Prädikanten [Württemberger Hilfsprediger] samt Unkosten und Fuhrlohn von Ingolstadt: 537 Gulden.« Scherer schrieb den »Lutherischen Bettelmantel« in Knittelversen 1588, wogegen Jacob Heerbrand, Kanzler in Tübingen, »Die Ausklopfung des vom Jesuiten Scherer zusammengeflickten lutherischen Bettelmantels« editierte. Ein anderer Jesuit schrieb 1593 »Rettung der Jesuiten-Unschuld gegen den Giftspinner Lucas Osiander«. Dieser Hofprediger in Stuttgart hatte sie mit seiner »Warnung vor der Jesuiten blutdürstigen Anschlägen und bösen Praktiken« herausgefordert. Der Schimpf-Prozeß spann sich darauf fort, bis endlich Osiander mit seinen »Ursachen, warum diese päpstlichen Schalksnarren keiner ferneren Antwort wert« das von beiden Seiten ziemlich unsauber durchgeführte Verfahren schloß. Damals schrieb auch Heilbrunner, lutherischer Professor zu Lauingen in dem noch protestantischen Fürstentum Pfalz-Neuburg, seinen »Jesuwider-Spiegel«.

Den größten Stand am Münchner Hofe hatte der Beichtvater des Herzogs, Pater Mengin. Er war ein allgewaltiger, selbst seinen Brüdern furchtbarer Mann geworden, als er 1594 altershalber seine Entlassung nahm; er starb das Jahr darauf. Die Jesuiten gebrauchten alle Mittel, um sich dem Hof gefällig zu bezeigen, selbst zum offenbaren Schaden allgemeiner Wohlfahrt. Gleich beim Anfang der Regierung Herzog Wilhelms V., im Jahre 1580, hatte der Nachfolger des Petrus Canisius im Provinzialat und zugleich deutscher Übersetzer seines Katechismus, Pater Hoffäus, um des Herzogs günstige Gesinnung durch geschmeidige Lehren zu belohnen, auf den Kanzeln öffentlich gepredigt, alles Zinsenzahlen sei ein Gott mißfälliger Wucher. Der mit Schulden bis zur Höhe von eineinhalb Millionen Gulden belastete Fürst hielt sich darauf von der Zinszahlung dispensiert. Um die Kirchen zu bereichern, fuhr er gleichergestalt wie sein Vater fort, Landsteuern auf Landsteuern zu häufen und die unentbehrlichen Lebensbedürfnisse mit erhöhten Aufschlägen zu belasten.

Noch waren bis in die Drangsalszeiten des Dreißigjährigen Krieges hinein diese Lebensbedürfnisse wohlfeil, und die Obrigkeit sorgte, daß sie nicht überteuert wurden. Die Arbeitszeit ging von früh fünf bis abends sechs Uhr. Die Hauptsache für München, das Bier, war gar wohlfeil. 1585 kostete der Eimer Märzbier bei Hof und auch das Stadtbier nur einen Gulden. Trotz der noch sehr wohlfeilen Zeit war der Hof in steten Geldverlegenheiten. Es versuchte deshalb der Herzog nach dem mittelalterlichen Brauche sein Glück bald bei der Schatzgräberei, bald bei der Goldmacherkunst. Im Jahre 1590 kam aus Venedig ein berühmter Adept [Wundermann] nach München, Marco Bragadino, ein Grieche von Geburt aus Famagusta von der Insel Zypern. Er kam mit einem stattlichen Gefolge von 36 Dienern, zur Beglaubigung seiner Macht über die Geister brachte er zwei kohlschwarze Bullenbeißer mit, die ein satanisches Aussehen hatten. Der Münchner Hof empfing ihn, da er bereits bei Kaiser Rudolf II. stattliche Aufnahme gefunden, mit Aufmerksamkeit. Er machte vor ihm eine Probe seiner Kunst. Nachdem er aber dem Herzog ansehnliche Summen abgelockt hatte, ward er als Betrüger erkannt. Er gestand alles, beschrieb sein ganzes Lug- und Trugleben mit eigener Hand und bat, nur nichts davon bekanntwerden zu lassen, seine Mätresse aber, Signora Laura, und sein übriges Gefolge wieder nach Italien reisen zu lassen. Er ward in einem mit Flittergolde beklebten Kleide an einem gleichfalls vergoldeten Galgen an einem nicht minder vergoldeten Stricke gehangen. Die Jesuiten aber erbaten sich seinen Leichnam und bestatteten ihn. Die unschuldigen schwarzen Dämonen wurden zugleich unter dem Galgen erschossen.

In derselben Zeit war auch die Hexenverfolgung im Gange. In der alten Hofrechnung heißt es von den Hinrichtungen derselben beim Jahre 1590: »Zu Schongau einige Hexen verbrannt, so viel geweint und gelamentiert und aber sich gut gericht' haben.« Und 1591: »Item die zwei Hexen zu Weilheim verbrannt, haben sich gar schön gericht' gehabt.« Es machten diese »guten und schönen« brennenden Hexengerichte diesem bayerischen Hofe dieselbe Freude wie dem Hofe Don Philipps von Spanien die Autodafés [Ketzerverbrennungen] machten. Die Jesuiten handhabten die Inquisitionsgerichte mit unerbittlicher Schärfe, auf Entdeckung von Sektierern, wie zum Beispiel der Wiedertäufer, stand eine Belohnung von 40 bis 60 Gulden. Der Hofprofoß Simon Franke mußte mit den vier Richtknechten der Stadt die Häuser des Fleischessens wegen visitieren. 1585 erhielten sie nach der Hofrechnung dafür drei Gulden, 1587 vier Gulden. Im Jahre 1596 waren allein wieder 600 Personen jeden Alters und Geschlechts gewissenshalber aus Bayern ausgewandert. Der Beichtvater des Herzogs war umfassender geistlicher Glaubens- und Gewissensrat, die Jesuiten konnten alles durchsetzen. Ihnen zu Gefallen eilten, wie zur Hofgala, selbst die Prälaten der Klöster herbei, um bei ihnen die Übungen des heiligen Ignatius zu machen.

Ein Ereignis, das sich im Mai 1590 zu München zutrug, hätte den Vätern zum Spiegel der Selbsterkenntnis dienen können. Am 4. Mai wollte des Herzogs Baumeister Friedrich Sustris, ein Niederländer und Protestant, an dem von den Jesuitenbaumeistern erbauten Turme der neuen Jesuitenkirche, der Michaelskirche, ein Sinken bemerken. Die Jesuiten hielten auf des Herzogs Weisung sogleich einen Rat und faßten den einstimmigen Beschluß, daß »am Turm keine Veränderung« zu bemerken gewesen sei. Des akatholischen Baumeisters Bemerkung finde ihren genügenden Erklärungsgrund in dessen Mißbelieben gegen alle katholischen Kirchtürme. Er habe auch, nachdem er mit den Herren Patres den Turm von innen besichtigt, es richtig befunden, daß daselbst nicht

10. Spätmittelalterliche Strafen

die mindeste Spur des Sinkens anzutreffen sei, er beschränke sich darauf, wie ihm die Sache von außen vorgekommen sei. Aber schon am 10. Mai morgens zeigte sich am Turme der Jesuiten ein ungeheurer Riß von oben. Man beeilte sich nun, die Kuppel abzutragen, die Glocken abzunehmen, den Turm selbst von der Kirchenmauer zu trennen, vor allen Dingen aber die benachbarten Häuser schleunigst räumen zu lassen. Schon am 11. abends erfolgte der Sturz wirklich, er war mit der Zerschmetterung eines großen Teils des Kirchengewölbes und einer großen Anzahl unten stehender Häuser verbunden. Doch kam kein Mensch dabei ums Leben.

Die Jesuiten hatten zu ihren drei von Herzog Albrecht V. erhaltenen Kollegien zu München, Ingolstadt und Dillingen auch noch die Profeßhäuser zu Altötting und in der Reichsstadt Regensburg erhalten. In letzterer Stadt war die Bürgerschaft so mißwillig bei dem 1589 bis 1591 unternommenen Bau, daß sie Steine, Holz und Arbeiter sogar gegen Bezahlung abschlug. 1596 bezogen die Jesuiten das Kollegium zu Altötting.

Die Unordnung in den Kammerangelegenheiten brachten bei Wilhelm V. den Entschluß abzudanken zur Reife. Vier Jahre lang, 1594 bis 1598, ward darüber hin und her unterhandelt. In diesem Jahre 1598 endlich, nach 19jähriger Regierung, trat der große Wohltäter der Jesuiten die Regierung Bayerns gegen eine jährliche Pension von 60 000 Gulden an seinen Sohn Maximilian ab. »Es mag wohl«, bemerkt Lang in seiner bayerischen Jesuitengeschichte, »damit so ganz freiwillig nicht hergegangen sein, wenigstens meldete ein in Padua studierender polnischer Edelmann, Stanislaus Pezowisky, daß der Herzog Wilhelm durch die Jesuiten um die Gunst des Volks und endlich gar um sein Land gekommen sei. Dem mächtigen Prälatenstand in Bayern konnte es nicht anders als hoch mißfallen, daß man ihm den neuen Orden mit vollem (1597 ausdrücklich verwilligten) Prälatenrechte an die Seite stellte, der ihm in kurzer Zeit vier Klöster entzogen, sowie daß dieser nämliche Orden die jungen Klosergeistlichen zur letzten priesterlichen Ausbildung in seine Seminarien ziehe. Der Ritterschaft gereichte zur Beschwerde, daß der Orden anfing, adelige Hofmarken an sich zu kaufen oder sich von Landesherren schenken zu lassen und heimfallenden

Lehen aufzulauern. Adel und Volk allgemein mißbilligten des Hingeben der Domänen zu den Jesuitenniederlassungen in München, Altötting, Regensburg, den nach damaliger Art ungeheuern Bauaufwand für Kollegium und Kirche in München, die dadurch erhöhten Landesschulden und Abgaben. Den Höfling endlich schmerzte es, daß der Herzog nur Jesuiten zugänglich und daß man durch sie nur ihm zugänglich war. Der vereinte Unwille aller Stände auf einer und der feste Sinn auf der andern Seite, seine Schützlinge, die Jesuiten, nicht aufzugeben, hat allerdings zu solchen dringenden Anträgen und Alternativen führen können, aus welchen sich eine so plötzliche Regierungsentsagung, die in der Regel niemals freiwillig geschieht und niemals aufrichtig gehalten wird, am deutlichsten erklären läßt.«

Aretin in seiner Geschichte des Kurfürsten Max behauptet die vollkommene Freiwilligkeit des Aktes seitens Herzog Wilhelms, und wirklich ist keine Tatsache bekannt geworden, die eine spätere Mißhelligkeit zwischen Vater und Sohn ins Licht stellte. Die Hauptveranlassung war jedenfalls die Finanznot. Der erste Hof- und Staatsbeamte, Graf Ottheinrich von Schwarzenberg, der 1590 starb, hatte nicht nur das Land, sondern auch sich selbst durch die üble Wirtschaft und ungemessenen Aufwand in die Schulden gestürzt. Herzog Wilhelm war ein so schwacher Herr, daß er seinem ersten Minister nur schüchtern Vorstellungen dagegen zu machen wagte.

Von seiner Abdankung an lebte Herzog Wilhelm in seinem bescheidenen Palaste neben dem prachtvollen Jesuitenkolleg. Er und seine Gemahlin zogen die schwarze Kleidung an wie Chorherren und Nonnen, auch ihre sämtlichen Hofbedienten gingen in Schwarz. Herzog Wilhelm speiste hinfort nur von irdenem Geschirr. Alltäglich bediente er zwölf Dürftige – nach Anzahl der Apostel – bei der Tafel, alljährlich bekleidete er 72 Arme – nach Anzahl der Jünger des Herrn – samt ihren Weibern. In dem von ihm gestifteten Pilgerhause zu München bewirtete er jeden Betfahrer drei Tage, bediente ihn und wusch ihm die Füße. In dem ebenfalls von ihm gestifteten Siechhause, Waisenhause und Findelhause zu München wartete und pflegte er die Kranken, nährte und bekleidete er die Kleinen. Der ganze Tag ward in Gebeten und Liebeswerken vollbracht. Zu Fuß, einen hölzernen Pilgerstab in der Hand, wallfahrte der Herzog oft zu den Gnadenörtern der Hochbenedeiten in Altötting, Ingolstadt und Tuntenhausen. Einsame »Klausen« hatte er in München und besonders in dem 1597 durch Tausch von seinem Bruder Ernst, Bischof von Freising, erworbenen Schleißheim, demselben Orte, der nachher ein besonderer Freudenort für die bayerischen Fürsten wurde. In der Fastenwoche geißelte der Herzog sich hier bis aufs Blut und trug auf bloßem Leibe ein grobhärenes Kleid. Seine Gemahlin teilte diese ganze schwärmerische Lebensweise mit ihm. Bei aller Härte derselben erreichten beide ein hohes Alter. Herzog Wilhelm lebte nach seiner Abdankung noch 28 Jahre, er starb erst 1626 im 78. Jahre, er sah noch den Kurhut auf seines Sohnes Haupte.

Herzog Wilhelm, der Fromme zubenannt, hinterließ vier Söhne, außer seinem Nachfolger und ältesten Maximilian noch zwei, die den geistlichen Stand erwählten, und einen jüngsten, der Leuchtenberg erworben hat. Von diesen beiden geistlichen Herren, die zu Rom studierten, wurde Philipp schon im dritten Jahre, 1579, erwählter Bischof von Regensburg, 1597 Kardinal von Bayern und starb 1598. Ferdinand aber folgte, 25jährig, seinem Oheim, dem Kurfürsten Ernst, auf dem Stuhle des Erzstifts Köln, 1612 bis 1660. Er besaß dazu seit 1612 noch die Bistümer Lüttich und Münster und seit 1619 Paderborn. Der jüngste Sohn, Herzog Albrecht, brachte die Landgrafschaft Leuchtenberg durch Heirat mit der Erbtochter der alten Landgrafen von Leuchtenberg 1646 ans Haus Bayern und starb 1666, 82 Jahre alt. Von den beiden Prinzessinnen wurde die 26jährige Maria Anna 1600 Gemahlin Erzherzog Ferdinands II., des späteren Kaisers und Herstellers des Katholizismus in Österreich. Sie starb 1616. Die andere, Magdalene, vermählte sich 1613 mit Pfalzgraf Wolfgang Wilhelm von Neuburg, dem Besitzer von Jülich und Berg, der sich nach der fatalen Ohrfeige von Kurbrandenburg 1613 konvertierte. Sie starb 1628.

Herzog, später Kurfürst Maximilian I. 1598 bis 1651

Nachfolger des frommen Herzogs Wilhelm V. war Maximilian I. Er war der größte Fürst, der jemals über Bayern geherrscht hat und der ihm den Kurhut erwarb. Seine 53jährige Regierung dauerte durch den ganzen Dreißigjährigen Krieg, und er erlebte noch den Frieden.

Maximilian war am 17. April 1573 im Schlosse zu München geboren, »an einem Freitag zu morgens ein Viertel vor vier Uhr im Vollmond [...], und hat der hochwürdige Fürst und Erzbischof zu Salzburg Johann Khüen in der Neufest [neuen Veste, der kurfürstlichen Residenz] in den mittleren Rundstuben getaufet«.

Der Prinz ward von Jugend auf von seinem frommen Vater zu Gottesfurcht und Fleiß, doch einseitig und mönchisch angehalten. Sein Oberhofmeister war der Freiherr von Polweiler und seine Präzeptoren der Rat Wenzeslaus Petrus und Wilhelm Schliderer, zuletzt Johann Barbitius, ein tüchtiger Geschäftsmann, der später zu Prag bei Kaiser Rudolf II. Geheimer Sekretär ward und durch den lange Zeit die Geschäfte gingen; er stieg am Prager Hofe bis zum Geheimen Rat. Die noch erhaltenen Instruktionen an die Lehrer Maximilians vom 3. Januar 1584, als er im Ausgang des zehnten Jahres stand, atmen ganz den Geist der Gesellschaft der Väter Jesu.

Mit Gebet auf den Knien ward das Tagewerk morgens sechs oder halb sieben Uhr begonnen; dann folgte eine Stunde Grammatik, dann um acht Uhr »ein Morgensüppchen«, dann die Messe, dann Memorienübungen bis eine halbe Stunde vor Tisch. Nach Tische waren ein paar Stunden frei, zwei Uhr fing der Unterricht in lateinischer und deutscher Sprache wieder an. Dann folgte Musik bis eine halbe oder ganze Stunde vor dem Nachtessen. Mit Gebet ward der Tag ebenso um acht Uhr beschlossen, wie er am Morgen angefangen hatte. Das Oratorium, die Messe, Wallfahrt, Rosenkranz, das Pater noster, das Agnus Dei, das Ave Maria beim Geläut morgens und abends und das Benedicite [Segnung] und Gratias [Dankgebet] bei der Tafel als die tägliche geistliche Speise und des ehrwürdigen Vaters Canisius Hauptstücke christlicher Lehre

11. Kurfürst Maximilian I.

füllten nebst den von den Jesuiten herausgegebenen Schulbüchern und den von ihnen gleichergestalt zubereiteten Leben der Heiligen die Tagesstunden zum großen Teile aus. Alle heidnischen Autoren waren verbannt. In den Erholungsstunden erlaubte die Instruktion des Vaters »mäßiges Umlaufen«, ritterliche Übungen, Reiten, Ball-, Kugel- und Schachspiel, Rohrschießen und Fischen, nie aber »sorgliches« Springen, weites in die Wette laufen, Schwimmen, Würfel oder Karte. Nie durfte der Prinz allein sein, mit niemand einsam sprechen, Schalksnarren, Gaukler, Springer, »sonderlich ärgerliche trunkene geistliche Personen« sollten streng entfernt gehalten werden. Dem Hofmeister und den Präzeptoren wurde eingeschärft, daß man sie wegen ihrer Bescheidenheit, Treue und Gutherzigkeit mehr lieben werde als wegen der Rute und tragenden Amts halber fürchten.

Maximilian zeigte schon als zarter Knabe glückliche Anlagen, frühzeitig lernte er nächst dem Lateinischen Italienisch, Spanisch und Französisch. Ein Jahr vor seinem Abgang auf die Universität, die er 1587 als 14jähriger bezog, heißt es in der oft erwähnten Hofrechnung: »Item Matesen Althamer, fürstlichen Hofkaplan, um daß er die jungen Fürsten und Fürstin [die damals 12jährige Maria Anna, spätere Gemahlin Kaiser Ferdinands II.] brav im Latein instruieren tut: 20 Gulden.« Lehrer im Italienischen und Französischen war der Kämmerer Astor Leoncelli, ein Italiener, der später Oberstallmeister wurde. Maximilian malte auch in seinen Mußestunden und spielte schon mit 12 Jahren die Orgel. »Dem Wißreitter, dem Organisten bei Unser Lieben Frauen, so dem jungen Herzog Maximilian das Orgelspielen gelehrt, 30 Gulden«, heißt es weiter in der Hofrechnung. »Weil der Prinz von Natur etwas erschrocken und furchtsam« erscheine, ward der Hofmeister angewiesen, ihn durch eine oder andere Werbung und Ausrichtung, kleine deutsche Vorträge, Grußvermeldungen, Botschaften und dergleichen mehr herzhaft und tapfer zu machen.

Als Max zum Jüngling heranwuchs, traten als Haupteigenschaften bei ihm hervor: Liebe zum Ruhm und stiller, fester Fleiß zu den Geschäften. Auf der Universität Ingolstadt schloß er die wichtige Jugendfreundschaft mit dem nachmaligen Kaiser Ferdinand II. Er trieb hier mit Eifer Jurisprudenz, Philosophie, Geschichte, Mathematik, von den

Klassikern lernte er Tacitus, Cicero, Xenophon kennen. In der Ferienzeit besuchte er gern den Hof des Pfalzgrafen Philipp Ludwig zu Neuburg, der zwar eifriger Protestant war, aber wegen seines Reichtums und seiner Regentenklugheit in großer Reputation stand, zudem war sein Sohn Wolfgang Wilhelm, derselbe, der die rheinischen Herzogtümer Jülich und Berg erwarb, sich konvertierte und sein Schwager ward, sein Freund von Jugend auf. Vielleicht kam Max auch noch deshalb gern nach Neuburg, weil er hier nach Herzenslust seine Lieblingsneigung, das Weidwerk, pflegen konnte. Doch begleitete ihn überall hin der Jesuitenpater Gregor von Valenzia. Wie blind der 16jährige Jüngling in den Seilen der Väter der Gesellschaft Jesu ging, das beweist eine Auslassung, die er auf ein Gerücht von der Ermordung Heinrichs IV. von Frankreich von Ingolstadt aus unterm 21. August 1589 an seine Mutter schrieb: »Gestern habe ich mit großer Freude verstanden, daß der König von Frankreich umgebracht sei. Wenn solches wahr wäre, hätte ich mich dessen noch höher zu erfreuen.«

Im Jahre 1591 kehrte Max von Ingolstadt nach München zurück, um nun, 18 Jahre alt, von dem Vater selbst in die Staatsgeschäfte eingeführt zu werden. Das geschah zwei Jahre hindurch, dann begab er sich auf eine größere Reise, die über vier Monate dauerte und nach Italien und Lothringen ging. Es begleiteten ihn auf dieser Reise sein Obersthofmeister Freiherr von Polweiler, der Hofrat, nachherige Hofratspräsident und Obristkämmerer Wolf Conrad Freiherr von Rechberg, die Kämmerer Wolf Dietrich und Hans Wilhelm Hund, Georg Sigismund von Lösch, Astor Leoncelli, später Oberstallmeister, früher Lehrer des Kurfürsten für die italienische und französische Sprache, Hortensio von Tyriaco, Graf Gazoldo, der Jesuitenpater Gregor de Valenzia als Beichtvater und der Leibarzt Dr. Meermann. Zuerst stattete Max einen Besuch am kaiserlichen Hofe Rudolfs II. zu Prag ab, reiste dann nach München zurück und begab sich, den Weg durch Tirol über Innsbruck einschlagend, über die Alpen. Er sah Venedig, sah Mantua und Ferrara, wo die prächtigen Gonzaga und Este herrschten, sah das kunstliebende Florenz und das wohllebige Pisa, wo Ferdinand I. von Medici regierte, der ehemalige Kardinal, der seinen Bruder und Bianca Capello vergiftet hatte und der mit einer Prinzessin aus dem dem bayerischen Hause nahe verwandten lothringischen Hause vermählt war. Max betete in Loretto zu seiner großen Schutzpatronin, der Heiligen Jungfrau. Er sah dann in Rom, wo er seine dem geistlichen Stand bestimmten Brüder, die dort studierten, traf, den glänzenden Hof des großen Papstes Clemens VIII. aus dem Hause Aldobrandini, und als südlichstes Ziel der italienischen Reise sah er endlich das von spanischen Vizekönigen beherrschte Neapel.

Max ging dann zurück, besuchte nochmals Loretto und reiste darauf über Ancona, Bologna, Modena, Mantua, Parma und Mailand über den Gotthard nach dem großen Schweizer Wallfahrtsort Kloster Einsiedeln. Von da wandte er sich über Zürich und Basel in das Land seines mütterlichen Oheims Herzog Carl von Lothringen, er kam am 17. Juni nach Nancy. Drei Tage darauf schrieb er an seinen Vater: »Wie ich anfangen wollte, meine Reverenzen auf italienische Weise zu machen, mußte ich auf Befehl des Herzogs von Lothringen und der Herzogin von Braunschweig [sie war die Schwester des Herzogs von Lothringen und zugleich eine Schwester von Maximilians Mutter], die im Bette lag, sie auf französische Art küssen. Und so ging es durch die ganze Reihe der anwesenden Frauenzimmer durch.« Am 4. Juli 1593 war Max wieder in München. Zwei Jahre später, am 6. Februar 1595, vermählte er sich im Palast zu Nancy mit seiner Cousine Elisabeth von Lothringen, Herzog Carls Tochter. Die Kosten der Hin- und Herreise zur Hochzeit verrechnet die mehrfach angeführte Hofrechnung auf 51 448 Gulden. Seit seiner Vermählung ward Max von seinem Vater als Mitregent angenommen.

Über das Verhältnis, das zwischen beiden Fürsten, Vater und Sohn, bestand, belehrt ein merkwürdiges Schreiben, das der Vater ein Jahr nach der Hochzeit unterm 15. Februar 1596 aus Dachau an den Sohn abgehen ließ. Man ersieht aus demselben, daß der Sohn dem Vater über die üble Finanzverwaltung Vorstellungen machte und der Vater dem Sohn über dessen Jugenddebauchen [Jugendausschweifungen]:

»Ob Du mir gleich gestern nichts gesagt, wie Du Dich befindest, so merke ich doch, daß Du nicht so wohlauf seiest, als Du Dich stellest. Dieses sehe ich gar nicht gerne; und ob ich gleich nicht weiß, wie der Handel beschaffen sei, so kommt mir doch vor, es möchten, im Falle Du so übel disponiert bist, wie ich es fast selbst wahrgenommen, vielleicht zwo Ursachen daran schuld sein. Erstlich Melancholie und Kummer und dann Unordnung im Essen, Trinken und andern Exzessen, es sei bei Tag oder bei Nacht. Ich habe deswegen den Dr. Meermann [den Leibarzt] zu Dir hineingeschickt, um zu sehen, was Dir fehle. Verhehle ihm nichts, was er zu wissen braucht. Das übrige aber vertraue mir. Gesetzt also, daß ich die Ursache erraten habe, so meine ich, Du sollst Dich diese Sachen, die, wie ich leicht ermessen kann, hauptsächlich den Zustand Unsers Kammerwesens betreffen mögen, so hoch nicht zu Gemüte ziehen [...] Ich hoffe wie so viele andre gute Leute zu Gott, es sei der Sache noch gar wohl mit der Gnade Gottes zu helfen [...] Was die Unordnung im Essen und Trinken betrifft, habe ich selbst, wie mich dünkt, solches wahrgenommen, und daß Du viele Sachen in Gedanken oder vielleicht aus Vorsatz issest, die gewiß für Deinen bösen Magen und Komplexion [Aussehen] lauteres Gift sind [...] Alles dieses kann sich der Mensch leicht abgewöhnen [...] Geht aber sonst auch was anderes vor in bezug auf nächtliche Taten und Exzesse oder daß etwa Dein Schaden sich auch noch rührt, so hast Du solches fleißig in acht zu nehmen. Ich wollte an Deiner Stelle in diesem allen mit Rat des Dr. Meermann handeln. Er ist treu, klug und diskret [...] Bedenke, was Du Gott, mir, Dir selbst, Deiner Gemahel, der Sukzession und dem Vaterlande schuldig bist [...] Verschweige nichts und simuliere nicht (wie Du, wie mich dünkt, bisweilen tust), wenn Du Dich nicht wohl befindest.« Zwei Jahre nach Erlaß dieses Briefes, am 4. Februar 1598, wurde Max, 27jährig, durch Resignation [Verzicht] seines Vaters alleiniger Herr in Bayern.

Maximilian war nur von mittlerer Gestalt, aber festen Körperbaus, die Beine fast zu mager, seine Haltung war würdevoll, ernst und gefällig. Die Stirn war hoch, die blauen, ernsten Augen durchdringend in der Nähe, doch nicht in die Ferne tragend. Er begann seine Regierung damit, daß er mit seiner Gemahlin zu Fuß eine Wallfahrt zur Heiligen Jungfrau in Altötting tat. Er legte ihr sein Lebensgelübde zu Füßen, ihr mit Gut und Blut zu dienen, und er hielt dieses Gelübde bis zum Tode fest im Gedächtnis. Vor demselben noch ließ er sich ein nach Altötting geschenktes goldenes Kästchen bringen, legte einen Zettel hinein und

A. Fürſtlich Reſidentz Schloß. D. S. Iacobs Pfarrkirch. G. Der alte Marckt K. Straß nach München
B. Fürſtl: welſche Garten. E. Rathauſe H. Amper brück. L. Der Kühe berg.
Der Marckt Dachau. F. Hoffberg. I. Amper fluß.

12. DACHAU

sandte es, vom Goldschmied vorher zugelötet, wieder zurück. Seine Gemahlin, die es öffnen ließ, fand ein Blatt, worauf mit seinem Blute geschrieben war: »In mancipium tuum me tibi dedico consecroque, virgo Maria, hoc teste eruore atque chirographo Maximilianus peccatorum coryphaeus [Zu Deinem Eigentume weihe ich mich Dir und gelobe dieses, Jungfrau Maria: mit eigener Hand die Hoden auszureißen – ich, Maximilian, der Chorführer der Sünder].« Tagtäglich betete Max vielmals auf den Knien, die davon, wie gesagt wurde, hart wie Stein geworden sind. Er übernahm die stärksten Fasten und Kasteiungen an seinem Körper. Beständig führte er ein Kästchen mit sich herum, man glaubte, es enthalte Juwelen, nach seinem Tode fand man, daß es die Bußwerkzeuge waren – eine Geißel, härene Seile, eiserne, stachlichte Ketten. 1615 stiftete er mit seiner Gemahlin die »Hof-Erzbruderschaft aller christglaubigen Seelen«, »damit den in den reinigenden Flammen des Fegefeuers büßenden Seelen durch Gebete, heilige Meßopfer und andre verdienstliche Werke geholfen« werde.

Wie die Jesuiten wollte Herzog Maximilian sein Leben im Dienst der hochgelobten Jungfrau Maria zubringen, aber er tat es, ohne wie sein Vater sich dabei von ihnen regieren zu lassen, selbständig und nach seiner Weise. Maximilian war ein durchaus auf sich selbst feststehender Charakter, die Jesuiten fanden an ihm ihren Meister. Frühzeitig schon hatten sie ihm zu schmeicheln gesucht, schon in seinem 11. Jahre ihn zum Präfekten aller marianischen Brüderschaften [katholischen Vereinigungen zur Verehrung der Jungfrau Maria] in Deutschland erwählt. Er aber ging seinen eigenen Gang. Um die Väter Jesu in Bayern nicht ganz allmächtig werden zu lassen, berief er die Kapuziner, die ihnen im Volke furchtbare Nebenbuhler wurden. 1600 bauten sie das erste Kloster in München, und bald war keine Stadt und kein Städtchen mehr im Lande, wo sie nicht ihre Klöster hatten. Sie verdrängten die in alle Laster versunkenen Franziskaner, die Bettelmönche, sie legten sich aufs Predigen und auf die Seelsorge.

Diese munteren Kapuziner waren reformierte Franziskaner, und man nannte sie »die Pudelhunde der Jesuiten«. Sie führten die mittelalterlichen Geißelungen wieder ein: »Den 25. März [1624]«, heißt es in einem alten, von Westenrieder mitgeteilten Tagebuche Abraham Kerns von Wasserburg, »an Unser Lieben Frauen Tag haben sich in Unser Lieben Frauen Kirchen bei dem Miserere [»Erbarme dich!« – Anfangsworte des 51. Psalms in der Vulgata] ihrer 6 Personen auf Anweisung der Herren Kapuziner öffentlich gegeißelt, so dem Volke noch seltsam, und viel zugelaufen, wenig Andacht gewest.« Auch ging die Sache, wenigstens wenn Frauen gegeißelt wurden, gar nicht auf Andacht allein. Am 3. April 1721 schrieb eine wohl in den Praktiken unterrichtete Katholikin, die Herzogin von Orléans, Mutter des Regenten: »Das Rutenhauen ist ein Ragout von Ausschweifungen; bei Pfaffen ist es mehr[mals] geschehen.« Auch die Fegfeuerpredigt ward von den Kapuzinern stark getrieben und der Glaube mit handgreiflichen Argumenten gesteift. »6. März 1626«, berichtet das angezogene Tagebuch, »hat Pater Stephan, ein Kapuziner, so allhier in der Fasten bei S. Jacobs Gotteshaus gepredigt, ab der Kanzel eine schwarze abkonterfeite Hand herabgezeigt und vermeldet zu dem Volke, wie zu Altheim bei Horburg in der Markgrafschaft Burgau ein Bauer zum Wahrzeichen der Pein, so er in dem Fegfeuer leidet, einem Schneider diese Gestalt der schwarzen Hand in einen Stuhl mit einem Streich geschlagen und solches durch seine Stimme angezeigt, so anno 1625 geschehen soll sein, darüber das Volk, daß ein wahres Fegfeuer sei, zu glauben ermahnet.«

Max berief später nächst den Kapuzinern auch die barfüßigen Karmeliter, nachdem ihn ihr Oberst Pater Dominik de Jesu Maria in die Prager Siegesschlacht begleitet hatte. Doch behielt der Herzog einen Jesuiten, den Pater Buslidius, zum Beichtvater.

Bis die Jesuiten den überlegenen Geist sahen, den sie in Maximilian vor sich hatten, fügten sie sich ihm dienstwillig und bequemten sich, sich ihm als politische und diplomatische Werkzeuge anzubieten. Während der Herzog in seinem kleinen, schmucklosen Kabinette der Residenz zu München den größten Teil des Tages, oft bis Mitternacht, den Geschäften obliegend alles selbst las, prüfte und entschied, durchzogen sie die Länder und Reiche und beobachteten, unterhandelten und intrigierten für ihn. In dieser Stellung erhielten sich die Jesuiten bei Herzog Maximilian die 20 Friedensjahre vor dem Dreißigjährigen Krieg, die mit so vielen Negoziationen [Verhandlungen] angefüllt waren, und den ganzen Dreißigjährigen Krieg selbst durch. Es war aller-

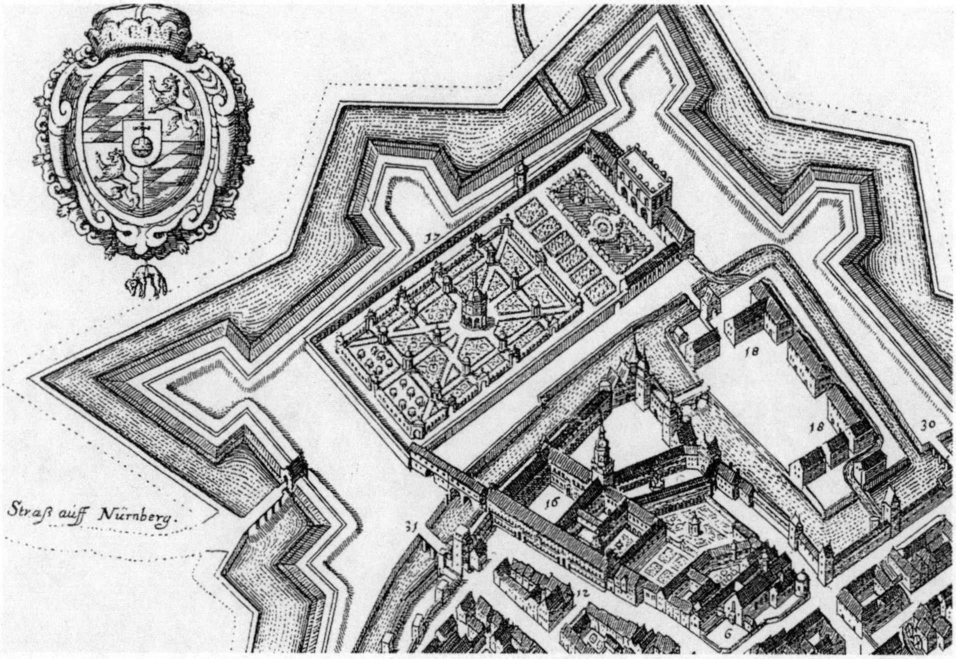

13. Kurfürstliche Residenz mit Lustgarten in München

dings keine dominierende Stellung mehr, wie sie es zu Zeiten Herzog Wilhelms V. gewesen war, es war eine untergeordnete Stellung. Aber die feinen Weltpriester beugten sich, wie sie stets getan haben, mit freudiger Selbstverleugnung dem überlegenen Geiste und der der Gebenedeiten mit völliger Hingebung geweihten Tugend des Herzogs.

Nur im Volke suchten die Jesuiten sich fort und fort immer festeren Boden zu machen. Sie traten jetzt als Wundertäter auf. Sie empfahlen den Frauen in Kindesnöten die in schweren Kästchen verschlossenen Kleiderreliquien des heiligen Ignatius, um durch eine mäßige Beschwerung des Leibes die Geburten zu erleichtern.

Maximilian erkannte mit scharfem Blick, was nach ihm der Große Kurfürst in Brandenburg erkannte, die bayerischen Nachfolger aber, in den Hoftrouble versunken und von ihrem Adel mißleitet, verkannten. Maximilian schrieb unter den monitis paternis [väterlichen Ermahnungen] an seinen Sohn Ferdinand Maria: »Nach Gott und der Liebe des Volks sind ein tüchtiges Kriegsheer, stets bereite Geldsummen und gute Festungen eines Fürstentums vorzüglichste Stützen.«

Die Regierung Herzog Maximilians war im eigentlichsten Sinne des Wortes eine Selbstregierung. Er war ein Wunder an Arbeitsamkeit. Die Bemerkungen und Resolutionen, die er an den Rand der an ihn eingegangenen Briefe und Vorstellungen zu schreiben pflegte, zeugen von Sachkunde, treffendem Urteil und gesundem Witz. Er ordnete ohne Dienstentlassungen den Haushalt am Hofe. In allem drang er auf genaue Rechnung. Er übernahm mit fester Hand die Reform des durch die Finanznot unter seinen zwei Vorgängern zerrütteten Landes. Auf dem ersten Landtage, den er 1605 hielt, übermochte Max die Stände, eine Million Schulden zu übernehmen. Er versprach dafür, niemals neue Schulden, außer im Falle notorisch kundbarer Landesnot, zu machen. Er übermochte sie ferner, eine halbe Million Defensionshilfe [Verteidigungshilfe] zu Befestigung der Städte, namentlich Ingolstadts, Schärdings, später auch Münchens zu bewilligen. Er übermochte sie endlich, die Gefälle seiner Kammer mit 150 000 Gulden zu verbessern. Als die Stände Schwierigkeiten machten, womit sie ihn gleichsam an die Wand drücken wollten, drohte er ihnen, daß er wissen werde, Mittel zu ergreifen, sich bei Land und Leuten und in fürstlichem Stande zu erhalten. Einen zweiten Landtag hielt er 1612 und dann nie wieder bis zu seinem Tode, im ganzen Dreißigjährigen Kriege nicht einmal. Er deckte die Bedürfnisse des Staates mit den 1612 im voraus auf zehn Jahre bewilligten Steuern, die er sodann auch für die ganze Dauer seiner Regierung beibehielt, und mit dem Alleinhandel mit dem Weißbier, das die Städte nicht brauen durften, und mit dem bayerischen Salze, das er auf eigene Rechnung sieden ließ. Besonders das Weißbier brachte viel ein. Es wimmelten, wie ein Erlaß von 1605 sagt, die Wein-, Met- und Bierhäuser tags und nachts von Zechern.

Den Zustand der Finanzen hüllte Max in ein allen anderen undurchdringliches Geheimnis. Die Fundamente seines guten Staatshaushalts waren nächst dieser Wirtschaft im stillen und geheimen die Einfachheit der Verwaltung und die sichere Wahl guter Beamter, die er scharf kontrollierte. Er stellte jeden auf den rechten Platz. Es gelang ihm, immer Geld zu haben. Er sammelte sogar noch einen Schatz. Er verwandte große Summen auf Bauten. Seine Hauptbauten waren das Zeughaus und die 1616 vollendete kurfürstliche Residenz in München. Sie wurde erbaut nach dem Plane Peter Candids, von dem Max auch die Wand- und Deckengemälde im Erdgeschoß, dem heutigen Antiquarium, malen ließ: bayerische Städte, Märkte und Burgen in den Ausschnitten der Fensterbögen und in der Mitte der Decke allegorische Bilder von verschiedenen Tugenden. Ein bedeckter Gang, der sogenannte Hofgang, führte von dieser großen Residenz in die Wilhelminische kleine. Dieser bedeckte Gang ging um die ganze Stadt. Max fand auch Geld zur Vermehrung der Gemäldesammlung, namentlich mit Bildern von Albrecht Dürer. Gelehrte Leute belohnte er stattlich, so den Geschichtsschreiber Marcus Welser, der 1614, 56jährig, starb; das Hofausgabenverzeichnis berichtet zum Jahre 1602: »Item Marco Vilsero für seine bayerische Historienmacherei 300 Gulden jährlich.«

Ein zweites Hauptaugenmerk für Herzog Maximilian war die Justiz. Er gab Bayern im Jahre 1617 ein neues Gesetzbuch, das Landrecht. Ein tiefeingewurzeltes Laster, namentlich bei den Adelspersonen, war der Ehebruch, der mit Geldstrafen abgebüßt wurde. 1605 verrechnete der Münchner Rentmeister in seiner Amtsrechnung über 300 uneheliche Kinder, »derjenigen nicht zu erwähnen, die nicht angezeigt wurden«.

Dabei stand die Bemerkung: »Es wollen sich auch sehr viele Adelspersonen in diesem Laster finden lassen.« Maximilian setzte im Jahre 1635 auf Ehebruch bei Männern fünfjährige und siebenjährige Landesverweisung und bei wiederholtem Pönfall [Straffall] das Schwert. Bei Frauen ward zwischen dem Bürger- und Bauernstand und dem Adelsstand unterschieden: Frauen jener beiden Stände traf fünfjährige Landesverweisung, adlige Frauen der Verlust aller Ehrenrechte, und bei wiederholtem Pönfall ward hier ebenfalls bei allen drei Ständen das Schwert angedroht. Das Laster war aber so tief eingewurzelt, daß Maximilian durch ein späteres Reskript [Befehl] doch wieder diese Strafen mildern mußte. Auch bei Mord kamen Adelspersonen noch mit einem Strafgelde durch. So büßte Wolf Wilhelm von Seiboltsdorf im Jahre 1599 einen Mord mit Zahlung von 1000 Gulden ins Hofzahlamt. Die Strafgelder des Adels bildeten eine nicht unbedeutende Hofrevenue [Hofeinkommen]. Es kamen solche Strafgelder zu 4000 und 6000 Gulden vor.

Nächst der Finanz- und Gesetzreform, die Maximilian durchsetzte, war die allerwichtigste die des Heeres. Da es noch kein stehendes Heer gab, bildete er sich einen kleinen stehenden Kern besoldeter Truppen, die den Namen der »Auserwählten« führten. Sie wurden nach einer 1600 anbefohlenen Generalmusterung an den Feiertagen im Gebrauch der Feuerwaffen unterrichtet und genossen besondere Privilegien. Keiner vom 18. bis zum 60. Jahre erhielt das Bürgerrecht, kein Geselle oder Bauernbursche durfte heiraten, bevor er sich nicht an der Muskete hatte abrichten lassen. Um diesen Auserwählten eine Uniform zu verschaffen, ward anbefohlen, daß die Schneider bei Strafe künftig nur Hosen und Wams nach neuem Schnitt sollten fertigen dürfen. Es hielt aber sehr schwer, dieses Hosenmandat vom Jahre 1602 bei dem Bauernstand durchzusetzen, der seine engen, gespannten Hosen mit den weiten nicht vertauschen wollte. Der Herzog stellte aber der Landschaft vor, daß es unmöglich sei, »daß sich der Bauersmann in der alten Hosenform recken, strecken und bewegen« könne, wie er sich im Felde strecken und bewegen solle, und befahl 1605, daß kein lediger Bauernsohn oder Knecht anders als in den neuen Hosen und Wamsen samt dazu passendem Hut auf den Tanzstätten zugelassen werde.

Seit dem Jahre 1609 war der tapfere und weise Wallonenobrist Tilly in bayerischem Dienste. Max stellte ihn sogleich an die Spitze seines Kriegsrates. Er hüllte auch das Landesdefensionswerk in ein undurchdringliches Geheimnis. Niemand selbst im Lande sollte die Stärke der ausgewählten Mannschaften kennen, seinen Räten und Kanzleiverwandten gebot er tiefes Schweigen. In einem eigenhändigen Handbillett schrieb er dem Geheimen Rate: »Es ist ein Spott und zum Erbarmen, daß bei dem Kriegsrat und der Kanzlei so gar kein Geheim ist. Wollets ihnen vorhalten und bedeuten, daß, wenn ich einen wieder ertappe, ich einmal einen Kriegsprozeß vornehmen und Würfeln spielen lassen werde, wer den Strick bezahlen soll.«

So von allen Seiten sich vorsehend, sparend, schirmend und rüstend, erwartete Herzog Maximilian den Ausbruch des Dreißigjährigen Krieges. Er selbst war es aber, der den inneren Frieden von Deutschland zuerst erschütterte und die gegenseitigen feindlichen Verbindungen der evangelischen Union und der heiligen Liga der Katholiken hervorrief. Das Ereignis, mit dem Herzog Maximilian eingriff, war die eigenmächtige Besitznahme der freien Reichsstadt Donauwörth 1607, deren protestantische Bürger die Prozession der Mönche der noch übriggebliebenen Benediktinerabtei zum Heiligen Kreuz gewalttätig zerstört hatten und deshalb vom Reichshofrat in die Acht erklärt worden waren. Herzog Maximilian benutzte diese Acht, um die Reichsstadt, nach der schon vor 150 Jahren die Bayernfürsten in Landshut gestrebt hatten, zu gewinnen. Am 16. Dezember 1607 rückten seine Truppen – 20 Fähnlein mit 10 000 Mann zu Fuß und fünf Fähnlein mit 1500 Reitern – unter dem Feldobristen Alexander von Haslang im Morgenreif durch die beschneiten, ausgestorbenen Gassen ein; mit ihnen kamen die Jesuiten. »Wir gehen«, schrieb der Jesuit Mitner an den Herzog, »Tag und Nacht auf den Seelenfang aus, haben aber bis hieher nur erst wenig Fische gefangen.« Max selbst schrieb nach Rom: »Es ist mit Donauwörth den protestierenden Ketzerischen eine solche Demonstration geschehen, dergleichen sie nie erwartet hätten.«

Das Jahr darauf, 1608, traten die evangelischen Reichsglieder im Ahauser Verein zu einer Union zusammen: Kurpfalz, Pfalz-Neuburg, Brandenburg-Ansbach und Bayreuth, Württemberg, Baden-Durlach

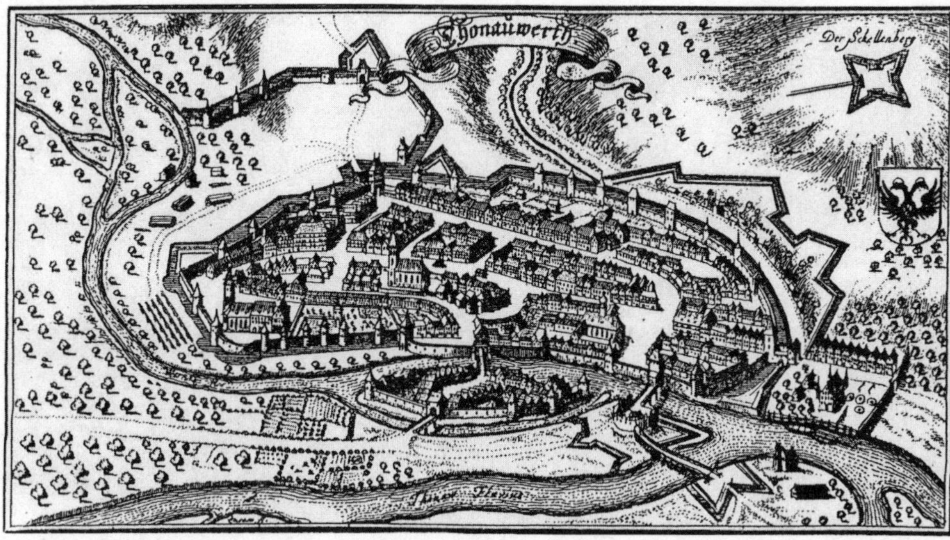

14. DONAUWÖRTH

und Anhalt, später traten Kur-Brandenburg und Hessen-Kassel zu. Im Jahr darauf, 1609, schlossen die Katholiken zu München die heilige Liga: Herzog Maximilian, die Bischöfe von Würzburg, Augsburg, Straßburg, Konstanz, Passau, Regensburg, der Propst zu Ellwangen und der Abt zu Kempten, später traten die drei geistlichen Kurfürsten zu. Herzog Max ward zum Bundesobristen, zum Haupt der Liga erwählt.

Noch dauerte es neun Jahre seit diesen geschlossenen gegenseitigen Verbindungen, ehe der Krieg wirklich zum Ausbruche kam. Es durchkreuzten diese Zeit die feinsten Jesuitengespinste. Der Orden umfaßte damals schon über 10 000 Mitglieder und 32 Provinzen, 23 in Europa, vier in Asien und fünf in Amerika. Jene 23 europäischen Provinzen waren in den vier sogenannten Assistenzen Italien, Spanien, Portugal und dem mit Frankreich verbundenen Deutschland gelegen. Als General des Ordens saß im Profeßhause zu Rom der Neapolitaner Claudius Aquaviva, Sohn des Herzogs von Atri. Im Jahre 1581 war er, 38jährig, gewählt worden und starb 1615 nach 34jähriger Regierung. Er war einer der energischsten und zugleich feinsten Generale, die der Orden gehabt hat. Die ganze Überlegenheit der Ruhe war in ihm, welche von einer vollendeten Selbstbeherrschung ausgeht. Mit der größten innerlichen Unerschütterlichkeit verband er die größte äußerlich Milde und Sanftmut. »Man muß ihn lieben, wenn man ihn nur ansieht«, so hatte auf seiner italienischen Reise Maximilian über ihn seinem Vater geschrieben.

Aquaviva suchte dem Orden eine ganz unabhängige Stellung zu geben. Von ihm datiert 1610 die erste Idee einer christlich-jesuitischen Republik in Paraquay. Er klagte sehr schmerzlich über den im Orden eingerissenen Hofgeist, den Aulicismus, er suchte ihn auf alle Weise auszurotten. Es gelang ihm durch Ausdauer und Geduld, die Väter Jesu dem Einfluß der Höfe und selbst dem Einfluß des Papstes zu entziehen. Früher hatten die Jesuiten stets für »ihren König« Philipp II., den König von Spanien, gebetet, jetzt unter Aquaviva mußte Philipp von dem Orden sagen, alle anderen Orden durchschaue er, den der Jesuiten aber nicht. Aquaviva drohte in den Streitigkeiten, die über die Lehre des spanischen Jesuiten Molina über den freien Willen ausbrachen, selbst dem Papste Clemens VIII. mit einem Konzil. Der Papst soll damals ausgerufen haben: »Sie wagen alles, alles!«

Ein Hauptaugenmerk Aquavivas war, die Lenkung der Fäden der sich vor Ausbruch des Dreißigjährigen Krieges so vielfach durchkreuzenden französischen und deutschen Religionsinteressen in die Hände zu bekommen. In Frankreich herrschte ein ehemaliger Protestant, Heinrich IV., der zwar übergetreten war, jedoch die Protestanten in Deutschland aufs lebhafteste unterstützte. Frankreich und Deutschland waren noch unter einer Assistenz verbunden. Aquaviva errichtete deshalb für Frankreich im Jahre 1608 eine eigene Assistenz. Damit konnte den Franzosen desto sicherer verborgen bleiben, was von den bayerischen und österreichischen Jesuiten angesponnen wurde. Der Orden trat in Deutschland allenthalben als Feuerbrand auf, um die Flamme des Religionshasses auflodern zu machen, er erwies sich überall als Herold des Krieges.

Bayern war der Hauptherd, aus dem geschürt wurde. Der Jesuitenpater Rektor Jacob Keller in München trat unter dem Namen Laurentius Sylvanus als Beistand des spanischen Jesuiten Mariana auf und als Verteidiger des an Heinrich IV. 1609 begangenen Meuchelmords, sodann unter eigenem Namen in der Schrift »Tyranncidium [Tyrannenmord]«. Sie erschien zu München 1611. Es ward darin zwar dahingestellt, ob nicht Mariana in Verteidigung des Tyrannenmords zu weit gegangen sein möge. »Tyrannen«, behauptete das Buch, »also Feinde der Kirche«, könne man hinwegräumen, »aber niemals rechtmäßige, das heißt der Kirche getreue Regenten«. Auf Kosten einer Anstalt, genannt »Das goldene Almosen«, die ihre Niederlagen in Bayern – in München, Ingolstadt und Dillingen – hatte, verbreiteten die Jesuiten von Bayern aus religiöse Flugschriften über das ganze südliche Deutschland. Vom Rheine her kam der eingeweihte Jesuit Theodor Busäus 1611 als des Ordens Generalvisitator. Er reiste von Provinz zu Provinz, von einem großen Hofe zum anderen. Er war das wichtigste diplomatische Organ zwischen dem Papst und der katholischen Liga, der gemeinschaftliche, geheimste Dolmetscher zwischen Bayern und Österreich. Er richtete in allen Landen der Ligisten Jesuitenkollegien, wo sie noch nicht waren, ein, gleichsam als die Korrespondenzquartiere seines geheimen Generalstabs zu Lenkung des bevorstehenden großen Kampfes.

In dieser Stimmung, als die Erbitterung der beiden Religionsparteien auf dem Punkte war, in einem großen Konflikte feindlich aufeinanderzutreffen, befand sich Herzog Maximilian in einer eigentümlichen Lage. Auf der einen Seite zog ihn alte Freundschaft zu seinem ehemaligen Ingolstädter Freunde, dem als König von Ungarn und Böhmen anerkannten Erzherzog Ferdinand von Österreich, dem mächtigsten katholischen Herrn in Deutschland, dem einmal nach Matthias Tode die Kaiserkrone zufallen sollte; auf der anderen Seite kannte er recht wohl den gründlichen Ehr- und Gewaltgeiz des Hauses Habsburg, und es kamen ihm die Fürsten der protestantischen Gegenpartei mit der verführerischen Einladung entgegen, Bayern möge selbst die Kaiserkrone annehmen. Selbst der andächtige Wilhelm V. hatte einmal im Jahre 1611 aus seiner frommen Abgeschiedenheit seinen Sohn gewarnt: Max möge ja nicht zu viel noch vor der Zeit nach Prag, Wien oder Grätz mitteilen, die Maximilianische Linie Österreichs habe stets jeden Vorteil Bayerns für einen ihrigen Verlust geachtet. Zwar sei die Grätzer Linie weniger mißgünstig, aber ohne Spanien traue sich Ferdinand nicht, den geringsten Schritt zu tun. Und auf solche Warnung hatte Max unterm 31. Oktober 1611 geäußert, daß ihm Österreich überall, wo es nur könne, Prügel in die Füße werfe. Max war vorsichtig, aber er war edel, er glaubte, wenn er Österreich in seiner schweren Notlage helfe, werde es ihm das danken.

Die Unterhandlungen mit der evangelischen Union, mit dem pfalzheidelbergischen Hofe, der an der Spitze derselben stand, zogen sich durch den ganzen Sommer des Jahres 1617. Max war ehrgeizig, aber er war nicht eitel, der leere Pomp der Kaiserkrone blendete ihn nicht. Zudem warnten seine Räte vor der »calvinischen Schlinge«. Als in dieser Stimmung der junge Kurfürst von der Pfalz, Friedrich, der nachmalige Böhmenkönig, im Februar 1618 selbst Maximilian in München besuchte, um ihn auf die Seite der Gegner Ferdinands zu ziehen, weigerte er sich, eine bestimmte Erklärung zu geben, »wegen der Wichtigkeit der Sache«, die, wie er meinte, weitere und reifere Deliberation [Überlegung] erfordere, »wolle demnach Gott und Zeit alles befehlen«. Schon am 23. Mai 1618 trat darauf der Ausbruch des dreißigjährigen blutigen Krieges mit dem Fenstersturz der kaiserlichen Räte zu Prag ein. Einer von ihnen, Martinitz, flüchtete nach München. Am 26. August 1619 ward der Pfälzer Kurfürst zum König von Böhmen, am 28. August 1619 Erzherzog Ferdinand II. zum Kaiser gewählt, Matthias war am 20. März vorher gestorben.

Wegen Annahme der böhmischen Krone war Friedrich von der Pfalz mit seinem Vetter, dem hochverständigen und allenthalben respektierten Maximilian von Bayern in Korrespondenz und Unterhandlung getreten. Max riet ihm offen ab, Friedrich erwiderte, er glaube doch, in der ganzen Konstellation die sonderbare Vorsehung Gottes sehen zu dürfen. Max widerriet nochmals durch einen eigens abgeschickten Gesandten, dieser traf aber Friedrich schon in dem festen Entschlusse, sich und sein Haus dem revolutionären böhmischen Fahrzeug anzuvertrauen, er bat um Maxens Neutralität. Am 26. Oktober 1619 lehnte dieser sie ab. Der Bruch der beiden verwandten Häuser Pfalz und Bayern war damit entschieden. Schon am 8. Oktober hatte Max mit seinem Schwager, Kaiser Ferdinand, der, von der Kaiserwahl zurückreisend, über München kam und acht Tage lang blieb, ein Trutz- und Schutzbündnis abgeschlossen.

Während in Wien der Reichsprozeß gegen Friedrich eingeleitet wurde, um ihn mit der Acht zu erdrücken, erfolgte von daher nach München die Zusage der pfälzischen Kur im Anfang des Jahres 1620. Die Heere der evangelischen Union und der katholischen Liga lagen an der Donau bei Ulm und bei Dillingen einander entgegen, durch den französischen Unterhändler Herzog von Angoulême kam aber zu Ulm am 3. Juli ein friedliches Abkommen zustande. Die Häupter der Union gaben den Böhmenkönig auf die schmählichste Weise preis. Sofort brachen Maximilian und Tilly aus ihrem Lager von Dillingen nach Oberösterreich auf, mit dem bereits schlagfertigen Heere von 32 000 Mann, dem auch Jesuiten – namentlich Pater Buslidius, des Herzogs Beichtvater – Kapuziner und Karmeliter folgten, um im Kriegsrat zu wirken, in den Feldkapellen und Hospitälern zu dienen und die Besiegten dem alten Glauben wieder zuzuführen. Nach der Enns hin war alles Land im Aufstand gegen Kaiser Ferdinand begriffen. Es ward bald unterworfen. Am 17. Juli stand Max bei Schärding an der österreichischen Grenze, er brach mit hellen Haufen ein. Schon am 4. August erschien er in Linz.

15. Johann Tserclaes Graf von Tilly

Von da wandte er sich nach Böhmen. Noch einmal ließ er an Friedrich unterm 25. August eine Aufforderung ergehen, sich friedlich zu unterwerfen. Friedrich berief sich auf die rechtmäßige Wahl, die böhmische Sache habe »auch nichts mit kaiserlicher Autorität, sondern nur mit dem Hause Habsburg zu tun«. Am 8. September vereinigten sich Max und Tilly mit Ferdinands Feldherrn Boucquoy zu Neupölla in Unterösterreich. Tilly setzte den Zug nach Prag durch. Noch vor der Entscheidung auf dem Weißen Berge verlor Max seinen treuen Obristen Alexander Haslang.

Am 8. November gewann Tilly den großen Sieg auf dem Weißen Berge bei Prag und Max damit den Kurhut. Schon am 25. November war er wieder in München, begleitet von 2000 Mann zu Fuß, 1200 Reitern und 1500 Wagen mit Beute. »Entgegen fuhr ihm«, heißt es in einem alten, von Westenrieder mitgeteilten Tagebuch, »der alte Herzog Wilhelm als Ihro Fürstl. Drlt. höchstgeehrter Herr Vater und Herzog Albrecht als Herr Bruder, samt beiden Fürstinnen. Anfangs ist er zu U. L. Frauen in die Kirche, wo man das Te Deum laudamus [»Dich, Gott, loben wir!«] hielt, gegangen. Es ging ihm der Bischof von Freising samt der Klerisei bis zu der untersten Kirchentür entgegen, wo sie ihn empfingen.«

Tilly, der Feldmarschall ward und vom Kaiser zum Reichsgrafen erhoben wurde, blieb mit der bayerischen Armee in Böhmen zurück. Am 22. Januar 1621 ward Kurfürst Friedrich von der Pfalz in die Reichsacht erklärt und deren Vollstreckung in der Oberpfalz Herzog Max, in der Rheinpfalz den Spaniern aufgetragen. Erst nach zwei Jahren, am 6. März 1623, empfing Max zu Regensburg den Pfälzer Kurhut und die Erbtruchseßwürde aus den Händen seines Schwagers. In demselben Jahre trugen über 100 Maultiere die berühmte Heidelberger Bibliothek aus der seitdem von den Spaniern und Tilly eroberten Pfalz nach Rom, auf jedem dieser Maultiere stand eine Tafel mit den Worten: »Ich bin von der Bibliothek, die in Heidelberg erbeutet und als Siegesgeschenk an den Papst Gregor XV. geschickt hat Maximilian Kurfürst von Bayern.«

In der eroberten Pfalz, namentlich in der Oberpfalz, ward nun durch die Jesuiten und Kapuziner die katholische Religion überall wiederhergestellt; wer sie nicht annehmen wollte, mußte auswandern. Auch in Altbayern unterdrückte Max jeden letzten Rest der Ketzerei. Jeder Untertan mußte einen österlichen Beichtzettel aufzeigen, und verbotener Bücher wegen wurden plötzliche Hausuntersuchungen angeordnet. Die Jesuiten traten immer offener mit ihrer Tendenz, die europäische Politik zu regieren, hervor. Der Pater Rektor Jacob Keller in München, der, wie man glaubte, unter dem Namen Fabius Hèrcynianus die nach der Prager Schlacht erbeutete »Geheime Anhaltische Kriegskanzlei« herausgegeben hatte, trat mit heftigen politischen Flugschriften gegen den seit 1624 zum Ruder in Frankreich gekommenen Kardinal Richelieu hervor. In der Schrift »Mysteria politica«, die ums Jahr 1625 erschien, warf er ihm seine doppelzüngige Politik vor, mit der er die Protestanten in Deutschland begünstigte, während er sie in Frankreich verfolgte.

Kurfürst Maximilian hatte für die für den Kaiser aufgewendeten Kriegskosten 13 Millionen Taler berechnet, es war ihm dafür bisher Oberösterreich verpfändet. Am 22. Februar 1628 wurde nun wegen der Abtretung der Pfälzer Kurlande ein förmlicher Vertrag abgeschlossen, kraft dessen an Maximilian und seine Nachkommen die Kurwürde, die Oberpfalz [Amberg] und der auf dem rechten Ufer des Rheins gelegene Teil der Unterpfalz mit den Städten Heidelberg und Mannheim übergehen sollten; der auf dem linken Rheinufer gelegene Teil blieb den Spaniern für die Kriegskosten, die sie ihrerseits aufgewendet.

In Jahre 1629 erstieg Kaiser Ferdinand mit Erlassung des berüchtigten Restitutionsedikts vom 6. März 1629 scheinbar den Gipfel seiner Macht; der Triumph der katholischen Sache schien vollkommen zu sein. Aber die große kirchliche Reaktion rief jetzt eine politische hervor. Alle protestantischen Reichsfürsten, namentlich Brandenburg und Sachsen, die sich dem Kaiser bisher so willfährig gezeigt hatten, sahen ihren Besitzstand bedroht, und die katholischen ließen ihn nun ebenfalls im Stiche. Die Liga kam zu Anfang des Jahres 1629 unter Maximilian in Heidelberg zusammen. Man beschloß, die ligistische Armee nicht zu entlassen, der Kaiser solle dagegen genötigt werden, seine Truppen und namentlich seinen Feldherrn Wallenstein aufzugeben. Anfang Juni 1630 traf der Kaiser Ferdinand II. in Regensburg zum Fürstentage ein, hier ward hauptsächlich durch Maximilians Vorstellung

Wallenstein am 4. Juli entlassen – entlassen in denselben Tagen, wo unterdessen Gustav Adolf an der deutschen Küste ans Land gestiegen war.

Die Freundschaft Kaiser Ferdinands mit Kurfürst Maximilian als Haupt der Liga war durch die letzten Vorgänge bedeutend erkältet worden. Das siegreiche Vordringen der Schweden in Niederdeutschland bewog jetzt den Kurfürsten, sich dem französischen Hofe, der mit Schweden alliiert war, zu nähern. Er schloß am 23. Mai 1631 ein achtjähriges Schutzbündnis mit Frankreich ab und ließ sich darin seine Kur garantieren. Aber nachdem die ligistische Armee unter Tilly am 16. September 1631 durch Gustav Adolfs Sieg bei Breitenfeld vernichtet war, wandte sich die Macht der Schweden gegen das Haupt der Liga. In den ersten Tagen des Dezembers 1631 vernahmen die Einwohner der Bayern mit Gewalt unterworfenen Pfalz das Geschütz des Befreiers. Aus der Rheinpfalz rückte Gustav Adolf mit 40 000 Mann nach Bayern, am 2. April 1632, 25 Jahre nach Maximilians bewaffnetem Einmarsch, nahm er Donauwörth. Von da rückte er schnell an den Lech vor. Am 8. April, am Grünen Donnerstag, floh der kurfürstliche Hof von München nach Salzburg zum Erzbischof Graf Paris von Lodron, bei dem Max auch seine Schätze in Sicherheit gebracht hatte, wie Wallenstein recht wohl zur Erfahrung gekommen war. Die Kurfürstin nahm das wundertätige Gnadenbild der Heiligen Jungfrau von Altötting mit. Von vermögenden Bürgern und Personen des Herren- und Ritterstandes gingen zu ihrer Sicherheit viele nach Tirol und sogar nach Italien. Der Kurfürst befand sich beim Heere bei Regensburg.

Bald darauf erfüllte die Nachricht von der Niederlage und tödlichen Verwundung Tillys am Lech am 15. April die bange Hauptstadt mit Furcht. Hier führte der Geheime Rat und Hofratspräsident Freiherr Johann Christoph von Preyssing, der Ahnherr der Hauptlinie von Hohenaschau, den Oberbefehl. In einer nächtlichen Versammlung, am 20. April, vereinigten sich die Väter der Gesellschaft Jesu auf alles, selbst auf den Tod; 40 von 76 blieben in München. Man täuschte das Volk noch mit Siegesnachrichten, während Gustav Adolf am 18. April schon in Augsburg eingezogen war und nun über Landshut und Freising herzog. Endlich vermochte der französische Gesandte St. Etienne, die Münchner zu bewegen, dem König Abgeordnete nach Freising entgegenzuschicken. Der Gesandte, Kriegsrat Küttner von Künitz, traf den König zu Freising am 14. Mai. Die bereits geforderte Kontribution von 500 000 Talern wurde hier glücklich auf 300 000 Taler herabgehandelt. Man übergab dem König die Schlüssel der Stadt. Er sagte den Abgeordneten: »Ihr habt es gut gemacht, und eure Unterwerfung entwaffnet mich. Mit Recht hätte ich an eurer Stadt das Unglück von Magdeburg rächen können. Fürchtete aber nichts und seid eurer Familien und Güter und eurer Religion wegen unbesorgt. Geht in Frieden! Mein Wort gilt mehr als alle Kapitulationen der Welt.«

Am 16. Mai mitten unter dem Sonntagsgottesdienste langten die ersten schwedischen Eskadrons in München an, um den vornehmsten Häusern, wo man sie einquartierte, als Salvegarden [Schutzwachen] zu dienen. Am 17. Mai gegen 12 Uhr mittags hielt der Schwedenkönig selbst mit dem Feldmarschall Horn und vielen fürstlichen und anderen hohen Herren Einzug; darunter befanden sich auch der vertriebene König von Böhmen, sein Bruder, Pfalzgraf August, der Pfalzgraf Christian von Birkenfeld und Herzog Wilhelm von Weimar. »Ist«, heißt es in einer alten Nachricht, die Westenrieder aus dem Münchner Franziskanerarchiv mitgeteilt hat, »durch das Isartor, das Tal hinauf, über den Markt in die Weinstraße, durch die Oberschwäbinger Gassen eingezogen und Quartier in der kurfürstlichen Residenz genommen, darauf die Stadttore gleich mit schwedischen Soldaten besetzt und also starke Wacht gehalten, daß niemand ohne schwedische Paßzettel aus oder ein ist gelassen worden.« Die übrige Armee bezog ein Lager vor den Toren.

Es war der siebente Tag nach dem Jahrestag der grausamen Zerstörung Magdeburgs durch Tilly. München aber ward verschont mit der Rache. Um zwei Uhr nachmittags schon, sagen die Jesuiten in ihren Berichten, seien alle Läden der Stadt wieder offen gestanden und habe man in allen Straßen und Plätzen die Münchner Frauen und Mädchen mit Schweden im Arme lustwandeln gesehen. Jedermann war vor Diebstahl, Raub und Totschlag sicher, der König hielt strengste Manneszucht. Drei als Diebe ertappte schwedische Soldaten wurden ohne weiteres öffentlich auf dem Markte aufgeknüpft.

Gustav nannte die in ihrer rauhen Sandebene gelegene bayerische Hauptstadt einen »goldenen Sattel auf magerem Gaule«. Er bewunderte

16. Einzug der Schweden 1632 in München

die Schönheit und Pracht der Zimmer des Schlosses, wo er mit dem König von Böhmen wohnte, und bedauerte es nur, »die Residenz mit ihren Kunstwerken nicht auf Walzen zu setzen und nach Stockholm führen« zu können. Den folgenden Tag begab er sich ins Zeughaus und fand hier nichts als leere Lafetten. Aber ein Bauer entdeckte das Geheimnis: Man hob den Fußboden auf und fand darunter 140 Kanonen, 50 von denen waren 75-Pfünder. Er ließ sie nach Augsburg abführen. Ein Geschütz, »das Schwein« genannt, fand sich mit 30 000 Goldgulden gefüllt.

Drei Wochen lang blieb Gustav Adolf in München. Interessant sind die Details, die der Ritter von Lang in der bayerischen Jesuitengeschichte über die Unterhandlungen mitteilt, die Gustav Adolf mit den Jesuiten damals hatte. »Am 19. Mai, gerade den Tag vor Himmelfahrt, hielt der König beim Hinausreiten ins Lager mit seiner ganzen Generalität bei der Jesuitenkirche still, stieg ab und ging mit entblößtem Haupte in die Kirche, gerade auf den Chor zu. Der benachrichtigte Pater Rektor eilte mit allen seinen Geistlichen herbei, um den König zu empfangen, der sich sogleich erkundigte, wer die Kirche gebaut und wo das Mausoleum des Herzogs Wilhelm wäre, dessen ›Demut ihm zu groß‹ geschienen. Weil es gerade zur Zeit der Vesper gewesen, die alle Mittwoche ›für einen siegreichen Ausgang des Krieges‹ gehalten worden, und eine Menge Volks zum Segen herbeigeströmt, so fragte der König, was denn das bedeute. Der Rektor antwortete, es geschehe, um sich mit Weihwasser besprengen zu lassen, worauf der König aus Neugierde so nahe hinzugetreten, daß auch er besprengt worden. Er verlangte hierauf eine Erklärung vom Weihwasser und fragte, nachdem sie ihm der Pater Rektor gegeben, ob man das glauben müsse. Der Rektor, ›um einen Sieger durch unnütze Grübeleien nicht verdrießlich zu machen‹, erwiderte, so bestimmt ließen sich freilich vom bloßen Weihwasser die Wirkungen nicht erwarten wie von einem Sakramente. Bei weiterer Fortsetzung des Gottesdienstes erkundigte sich der König über alles genau, über das Klingeln, Niederfallen und sagte: ›Also betet ihr ja doch die Hostie an. Wo steht das geschrieben?‹ Hierauf begann eine Unterhaltung über die Transsubstantiation [Wandlung von Brot und Wein in Leib und Blut Christi beim Abendmahl], die aber der König mit den Worten endete: ›Es ist meine Sache nicht; kann mich darüber nicht genug verständlich machen‹, und als der Rektor in seiner Demonstration doch noch weiter gehen wollte, unterbrach ihn der König plötzlich mit der Frage: ›Wie ist's, habt ihr denn für Tilly auch ein Seelenamt gehalten?‹ Der Rektor – so meldete seine eigne Erzählung – bat Gott in einem stillen Seufzer um Verzeihung für die Lüge, die er jetzt machen müsse, und sagte: ›Nein!‹ Der König aber wollte wissen, warum nicht. Der Rektor gab an, es sei dazu keine Zeit gewesen, ›der Tilly werd's auch nicht nötig g'habt haben‹, wovon der König abermals den Grund wissen und vom P. Rektor hören wollte, wo er denn glaube, daß der Tilly wirklich sei? Der Pater Rektor äußerte, er müsse hoffen, er sei im Himmel. Hierauf fiel der König ganz heftig ein: ›Er war ein Barbar!‹ Der König brachte nun selbst ein anderes Gespräch auf die Bahn und betrachtete die Votivtafeln [Heiligen zum Dank geweihten Bilder] an der Wand, die seiner Meinung nach die Kirche sehr verunstalteten. Beim Herausgehen aus der Kirche brach er für sich selbst in die Worte aus: ›Ein prächtiger Tempel‹, und als sich der Pater Rektor noch erkundigte, ob er nicht befehle, das Kollegium zu sehen, lehnte der König es mit freundlichem Abschiede ab. Bei der Tafel äußerte der König: ›Wenn ich katholisch wäre, hätt' ich doch die Jesuiten noch am liebsten!‹«

Aber während der König die Jesuiten besuchte, lag im Kollegium ein feindlicher Spion verborgen, und täglich wurden schwedische Soldaten unter den Augen des Königs katholisch gemacht. Der Hofmarschall von Krailsheim und der Hofprediger des Königs, Fabricius, mußten sie in allen Stücken unmittelbar vertreten, um ihre Gunst buhlten die Jesuiten am meisten. Am 7. Juni, eines Montags, vormittag zwischen neun und zehn Uhr, brach der König mit seiner ganzen Armee wieder von München auf. Er nahm als Geiseln, weil die Kontribution noch nicht ganz aufgebracht war, zwanzig vornehme Bürger und ebensoviel Personen aus allen Orden mit: vier Augustiner, drei Kapuziner, drei Franziskaner, zwei Zisterzienser, zwei Ordentliche Chorherren und statt drei Jesuiten, wie die Distribution besagte, auf ausdrücklichen Befehl des Königs sechs. »Sind, nachdem sie in dem Jesuitenhof zusammenkommen […], bald auf die Kutschen besetzt, mit einer starken Reiterei, die vor dem Hof gehalten, begleitet, nach Augsburg geführt worden.« Sie kamen erst nach drei Jahren zurück. Unter ihnen befand sich der berühmte Andreas Brunner von Hall in Tirol, der bayerische Annalen geschrieben hat, die Leibniz herauszugeben wert fand. Brunner war zu Abholung der Heidelberger Bibliothek verwandt worden, hatte als Abgeordneter in Rom vielen Anteil an den großen Angelegenheiten des Ordens genommen und starb als ein beliebter Bergprediger unter seinen Landsleuten im Kollegium zu Innsbruck 1650.

Die Vorstände der Münchner Jesuiten erließen sehr lobpreisende Berichte über die Behandlung, die ihnen von seiten des Königs von Schweden und seiner Generale zuteil geworden. Sie wurden aber von dem Ordensgeneral Vitelleschi aus Rom bedeutet, sich da, wo man von Ketzern Gutes zu sagen habe, kälter und kürzer zu fassen. »Hat«, berichtet noch die alte Nachricht, »der eingenommene Schrecken in München schwere Krankheiten, überaus vielen den Tod verursacht, also daß es bald dahin gekommen, daß das Sterben und böse Sucht grassiert.«

Unterdessen hatte sich Kurfürst Maximilian, der im Lager bei Regensburg stand, zu einer empfindlichen Demütigung bequemen müssen. Der Mann, den er einst gestürzt hatte, war vom Kaiser wieder mit dem Heerbefehl betraut worden, und zwar dergestalt, daß er keinen Oberen über sich dulden sollte. Als sich der Kurfürst mit Wallenstein bei Eger vereinigte, mußte er nur froh sein, daß der Generalissimus sich herbeigelassen hatte, zu kommen und damit die Schweden aus Bayern wegzuziehen. Lange genug hatte er gezögert, lange genug hatte er müßig in Böhmen zugebracht.

Da die blutige Affäre des Sturms der Wallensteinschen Linien bei Nürnberg zu nichts geholfen, machte Gustav Adolf einen nochmaligen Zug nach Bayern. Wallenstein aber folgte dem Schwedenkönig nicht dahin nach, sondern wandte sich nach Sachsen, bei Coburg trennte sich Max von seinem unversöhnlichen Feinde. Während Wallenstein bei Lützen geschlagen ward und Gustav Adolf sein Leben verlor, suchte Maximilian gegen die von dem Schwedenkönig in Bayern zurückgelassene Streitmacht aufzukommen und sein Land wieder zu befreien. Es befehligte diese schwedische Streitmacht nächst Banér ein Pfälzer Fürst, der Pfalzgraf Christian von der Zweibrücker Unterlinie Birkenfeld. Er wütete furchtbar in dem Lande des Hauptfeindes seines Vetters, des vertriebenen Kurfürsten Friedrich. Erst spät kam der kaiserliche

General Aldringer zu Hilfe. Aber selbst Regensburg ließ 1633 des Friedländers Rache in der Schweden Hände fallen, indem er immer und immer Hilfe zu senden versprach, auch selbst als Max einmal sieben Eilboten hintereinander zu ihm sandte. Endlich ward dieser unbequeme Wallenstein 1634 zu Eger ermordet. Der Kurfürst schrieb darauf an den Kaiser: »Daß der Allmächtige den Meineid und die Bosheit des Friedländers und dessen Anhang mit ihrem endlichen Untergang so augenscheinlich gestraft, erfreue ich mich mit E. K. Maj. von getreuem Herzen, und ist Gott billig dafür Ehr' und Lob zu sagen.« Regensburg ward 1634 wieder erobert, und der 6. September 1634, wo der große Sieg bei Nördlingen von den Kaiserlichen erfochten ward, befreite Bayern von den Schweden. Gallas trieb sie im Jahre 1637 bis nach Pommern zurück.

Um sich mit dem Kaiser, der schon sein Schwestermann gewesen war, noch enger zu verbinden, heiratete Max nun nach der siegreichen Nördlinger Schlacht Ferdinands II. Tochter Maria Anna, 10. Juli 1635. Seine erste Gemahlin, die lothringische Elisabeth, deren Ehe unfruchtbar gewesen war, war kurz zuvor gestorben. Die neue österreichische Gemahlin gebar Max schon 1636 einen Erben, seinen späteren Nachfolger Ferdinand Maria. Er hatte das Gelübde getan, dafür dem heiligen Franz von Paula ein Kloster zu stiften, er stiftete es 1638 zu Neuburg, später ward es nach Amberg versetzt.

Sechs Jahre lang, seit der Nördlinger Schlacht, hatten die Feldherrn des Kaisers und des bayerischen Kurfürsten die Schweden vom deutschen Süden abgehalten. Noch 1640 hatte der Kurfürst für den glücklichen Fortgang der katholischen Waffen beständiges Tragen geweihter Dinge und Rosenkränze anbefohlen. In den ersten Tagen des Jahres 1641 standen die Schweden aber wieder an der bayerischen Grenze. Banér drang bis Regensburg vor und schreckte mit Kanonenschüssen die Stadt, wo der Kaiser eben mit dem Reichstag war. Mit den Schweden waren seit 1635 auch die Franzosen als Feinde in Deutschland erschienen.

Bayern dagegen erhielt an Tillys Statt wieder einen tapferen Feldherrn, den Wallonen Jean de Werth, der vom Reiterbuben bis zum General stieg. Er hatte sich bei Nördlingen 1634 mit seinen Kürassieren

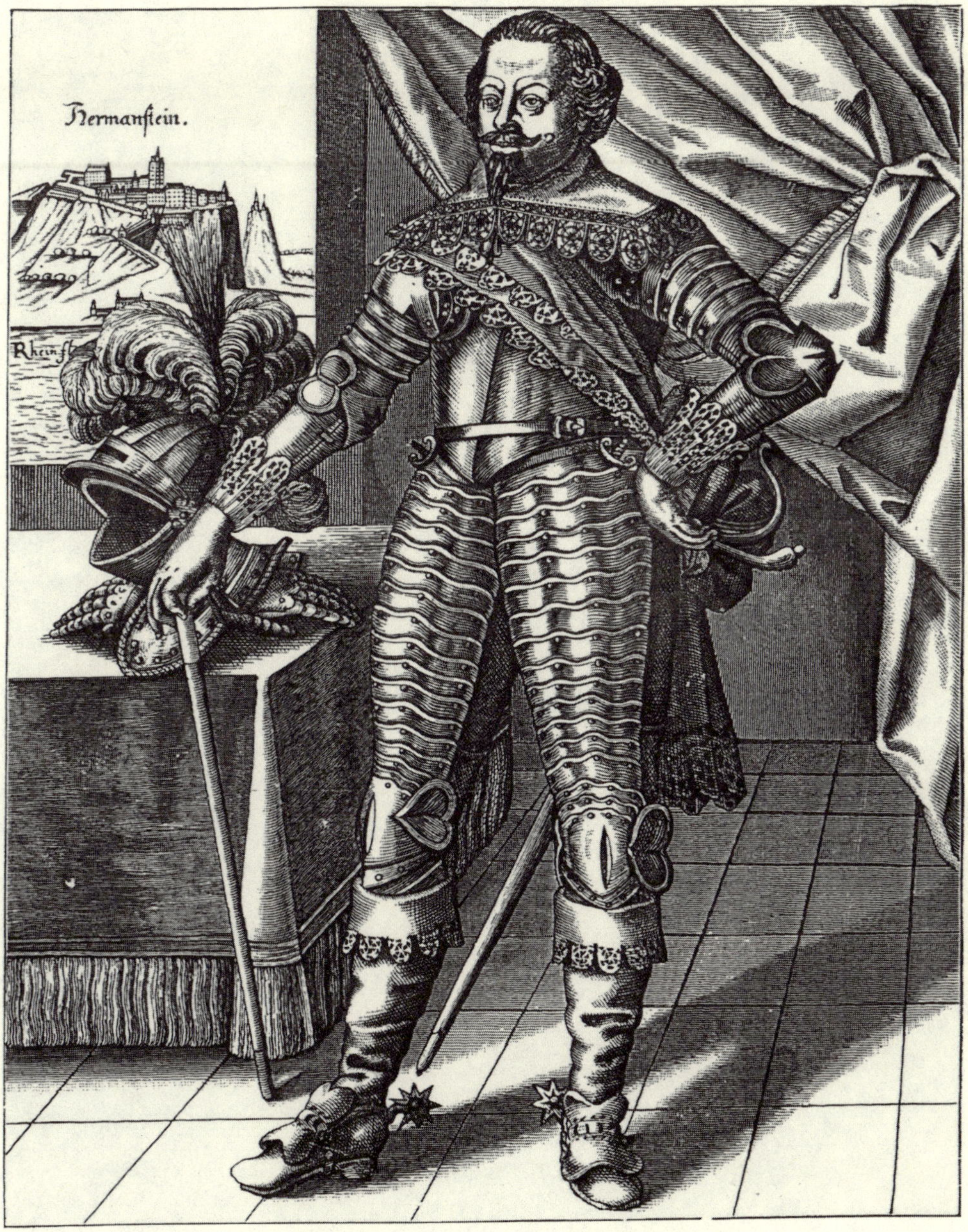

17. Johann von Werth

die Freiherrnwürde erfochten und war zum Schrecken der Franzosen im Sommer 1636 bis in die Nähe von Paris gestreift. Bei Rheinfelden ward er aber 1638 gefangen, und Herzog Bernhard von Weimar schickte ihn zur größten Freude den Parisern; er saß vier Jahre lang im Schloß zu Vincennes. »Die Freude über seine Gefangenschaft«, schreibt sein Biograph in den Ferdinandeischen Annalen von Khevenhüller, »war ungemein wegen des Schreckens, den er dem Volk in Paris eingejagt hatte [...] Sobald er sein Wort von sich gegeben hatte, ließ man ihm alle Freiheit, er besuchte den Hof und ward von den größten Ministris traktieret; wenn der König zu Vincennes war, ließ er ihn ebenfalls prächtig traktieren, und die vornehmsten Damen in Paris machten sich ein Vergnügen daraus, wenn sie ihn speisen sahen, denen er zwar mit aller Höflichkeit begegnete, aber doch den Deutschen und den Soldaten jederzeit mit unterlaufen ließ. Sonderlich konnte er unvergleichlich trinken, und in dem Schnupf- und Rauchtabak war er ein Meister.« Erst 1642 ward dieser streitbare Held, der den Parisern und Pariserinnen wie ein fremdes Meerwunder erschien, gegen den bei Nördlingen gefangenen schwedischen Feldmarschall Horn wieder ausgewechselt.

In den letzten Jahren des Dreißigjährigen Krieges nach dem Tode des Schwagers und Schwiegervaters Ferdinand II. änderte sich Bayerns Stand gegen Österreich sehr. Noch im Jahre 1641 hatte Kaiser Ferdinand III. mit seiner Gemahlin vom Reichstage zu Regensburg aus acht Tage lang in München verweilt. Als aber Wrangels und Turennes Einfall in Bayern 1646 den Kurfürsten nötigte, zu Ulm am 14. März 1647 Stillstand zu schließen, besorgte Österreich, der Kurfürst könne sich wohl Frankreich ganz in die Arme werfen, und beschloß, sich auf alle Fälle sicherzustellen. Es handelte sich damals um nichts Geringeres, als daß der von Österreich erkaufte Jean de Werth des Kurfürsten Heer zum Kaiser überführen, ja »den Kurfürsten selber mit seinen gehässigen Räten als Geisel nach Wien liefern« sollte. Nur durch einen Zufall glückte es Max, dies große Unglück zu entdecken und zu verhüten. Die Truppen blieben treu, ließen sich nicht aus Landshut über die Donau nach Böhmen führen, Jean de Werth floh, da sie, durch eine Proklama des Kurfürsten unterrichtet, mitten auf dem Marsche gegen ihn aufstanden, am 3. Juli 1647 nach Österreich, wo er 1652 auf der ihm vom

Kaiser geschenkten böhmischen Herrschaft Benatek im Bunzlauer Kreise gestorben ist. Der Hauptzweck aber war doch erreicht: Bayern ward geschreckt.

Am 14. September 1647 kündigte Max den schwedischen Waffenstillstand wieder auf. Im Jahre 1648 ward aber auch ganz Bayern hinwiederum von Schweden und Franzosen unter Wrangel und Turenne überschwemmt und fürchterlich verheert. Maximilian mußte nach Salzburg fliehen. Da endlich tönten die Friedenstrompeten aus Westfalen. 75 Jahre alt war Max, als er durch den Freiherrn Georg Christoph von Haslang, einen Bruderssohn seines Lieblings, des alten Obristen und Hofmarschalls Alexander, und den Dr. Johann Adolf Krebs den Frieden in Osnabrück und Münster mit abschließen ließ. Er hatte den ganzen schrecklichen Krieg durchlebt, sein Haar war schon längst vor Gram erbleicht. Der Frieden nahm Bayern wieder zum Teil, was der Krieg ihm gegeben hatte: Der Hauptteil der Pfälzer Kurlande, die Rheinpfalz, mußte gänzlich aufgegeben werden, es blieben nur die Kurwürde und die Oberpfalz und dazu der Trost, daß hier das Normaljahr nicht gelten, daß man hier nicht wieder protestantische Lehre einführen durfte; stillschweigend überließen die Reichsstände Max das Land wie bisher. Bayern aber hinterließ Max, als er bald nach dem Frieden starb, als eine Wüste, »als eine warnende Lehre«, wie Lang sagt, »gegen das gefährliche Spiel einer kriegerischen Politik für mittlere Staaten, deren einziger Zweck ein ewiger Frieden sein sollte«.

Kurfürst Maximilian starb im Jahre 1651, 78jährig, am 27. September. Er starb in den Armen seines Oberhofmeisters Philipp Kurtz von Senfftenau und Toblach, der sein Liebling in der letzten Zeit geworden war wie im Anfang seiner Regierung der Obrist und Hofmarschall Alexander von Haslang. Max starb unter seinen Jesuiten zu Ingolstadt, in der Stadt, wo er einst seine Universitätsstudien absolviert hatte. Die nächste Ursache seines Todes war eine Erkältung, indem er jede einzelne Kirche besucht hatte. Sein Leichnam ward nach München abgeführt und am 3. Oktober acht Uhr abends in der Jesuitenkirche begraben, ganz in der Stille. Er hatte selbst demgemäß noch eigenhändig angeordnet: »Mein Madensack soll man nicht lang auf Erden lassen, noch viel Grandezza und Zeremonie, sondern die Spesa [Unkosten] auf die

Armen wenden und keinen Pomp machen.« Die Leichenpredigt hielt der als Dichter hochberühmte Jesuit Jacob Balde, der damalige Hofprediger zu München.

Maximilian war noch im 63. Jahre kinderlos gewesen. Er hinterließ von seiner zweiten österreichischen Gemahlin Maria Anna zwei unmündige Söhne: Ferdinand Maria, der ihm nachfolgte, und Maximilian Philipp, der die leuchtenbergische Landgrafschaft genoß, die französische Fürstin von Evreux – Tochter des Herzogs von Bouillon auf Schloß Thierry in Frankreich – 1668 heiratete, ein gewaltiger Jäger vor dem Herrn war und 1705 zu Türkheim starb.

Der Bruder Maximilians, Albrecht, der 1646 Leuchtenberg erworben hatte und 1666 starb, hinterließ zwei Söhne, die geistliche Würden erhielten: Maximilian Heinrich, der nach dem Tode seines Oheims Ferdinand 1660 bis 1688 Kurfürst von Köln ward und dazu seit 1650 noch die Bistümer Lüttich und Hildesheim besaß, und Albert Sigismund, der 1639 Bischof von Freising und 1668 dazu Bischof von Regensburg wurde. Dieser geistliche Herr, der 1685 starb, hatte sein größtes Vergnügen an physikalischen und chemischen Versuchen, und seine Glasflüsse wurden allgemein bewundert.

Die Hauptfigur im Hofstaate machte in der ersten Hälfte der Regierung Maxens, ehe er den Kurhut erhielt, sein Liebling, der Obrist und Hofmarschall Alexander von Haslang zu Haslangkreit, der mit einer Gumppenberg vermählt war, 1618 das Erblandhofmeisteramt in Bayern erhielt und 1620 auf dem Feldzug nach Böhmen, von den Ungarn gefangen, vor Prag starb. Als Max 1623 den Kurhut erhalten hatte, verschmähten es, wie später in Brandenburg, Reichsfürsten nicht, die Oberhofämter bei ihm zu übernehmen. Der Hof ward ganz nach dem Vorbild des kaiserlichen geordnet. An der Spitze stand der Oberhofmeister. Diese Stelle versah Johann, der erste Fürst von Hohenzollern-Sigmaringen, gestorben 1638. Nach seinem Tode folgte ihm der Liebling des Kurfürsten, Philipp Kurtz, Freiherr von Senfftenau und Toblach; er war 1591 als Hofrat und Mundschenk in den Hof- und Staatsdienst eingetreten, 1602 zum Kämmerer aufgestiegen. Er war zugleich Geheimer Ratspräsident, und Ferdinand III. grafte ihn. Er war der Sohn des kaiserlichen Geheimen Rats Sigismund Kurtz und der

Bruder des Reichsvizekanzlers Jacob Kurtz. Er stammte aus einem alten graubündischen, auch in Österreich ansässigen Geschlechte, das Ferdinand III. auch hier in den Reichsgrafenstand erhob. In seinen Armen starb Max. –

Unter den Präsidenten des Geheimen Rats sind drei auszuzeichnen: Johann Georg Heerwart von Hohenburg zu Perg und Planegg aus dem berühmten Augsburger Patriziergeschlechte der Heerwarte, ein staatskluger Herr und gelehrter Autor, gestorben zu München am 13. Januar 1622. Max ließ unter anderem durch ihn die Bibliothek ordnen. Heerwart war Geheimer Ratspräsident, Landschaftskanzler und Pfleger zu Schwaben. Nach ihm erscheint als Geheimer Ratspräsident und oberster Kanzler Joachim Donnersberg, aus Österreich stammend, der, seit 1590 als gelehrter Hofrat eingetreten, im Jahre 1606 von Max geadelt und seit 1624 von Kaiser Ferdinand II. zum Baron von Donnersberg erhoben worden war. Er war zugleich Pfleger der Herrschaft Marquartstein. Am Ende der Regierung von Max war der Liebling desselben, der Obersthofmeister Graf Philipp Kurtz, Geheimer Ratspräsident.

Der Hof zu München bestand im Jahre 1600 aus 540 Personen. Die Besoldung derselben betrug etwas über 67 000 Gulden. Die Räte waren unter Max nach dem damaligen Geldwert sehr gut bezahlt. Ihr Gehalt stieg von 500 bis zu 1500 Gulden und darüber. 1508 war die höchste Besoldung für den Hofmeister 200 Gulden gewesen, und der berühmte Kanzler Hund hatte 1557 nur 400 gehabt. Der Leibarzt Dr. Thomaso Fieno erhielt jährlich 600 Gulden und für den »Aufzug« [Reise] 150. Das Wichtigste, was der große Kurfürst am Hofe änderte, war, daß er die zeither übliche Hofspeisung der Hofdiener und Räte zum Teil abschaffte, er gab dafür ein Geldäquivalent. Die Hofbeamten wurden mit Pflegeämtern versorgt. Sie zogen davon die guten Renten und ließen die Ämter verwalten.

Seit dem Jahre 1609 stand der damalige Wallonenobrist, nachherige Generalfeldmarschall Tilly an der Spitze des bayerischen Kriegsrates. »Ao [Anno] 1619 ist Er noch Freiherr und schon Fürstl. Bayr. Generalleutnant gewesen und doch nur geduzt worden, Ao 1620 hat man Ihm angefangen in forma eigner Hand zu schreiben und zu Ihrzen«, so berichtet eine alte Handschrift in den Beiträgen von Westenrieder. »Den 21. Jul. 1622 hat sich Thylli das erste Mal als Graf unterschrieben.«

Das Heer, mit dem Max und Tilly 1620 den welthistorischen Zug nach Böhmen taten, wo die Schlacht am Weißen Berge bei Prag das Schicksal Deutschlands bestimmte, bestand aus 30 000 bis 32 000 Mann. Es waren teils Bayern, teils lothringische Söldner.

Außer Tilly und Pappenheim waren noch berühmte und tüchtige bayerische Generale des Dreißigjährigen Krieges: der einsichtige Franz von Mercy, Feldmarschall, ein Lothringer, der 1645 in der Schlacht bei Allersheim zwischen Nördlingen und Donauwörth gegen Turenne fiel; der bedächtige und weltkluge Johann von Rauschenberg, Generalfeldzeugmeister, zuletzt Feldmarschall, ein Rheinländer, der in kaiserliche Dienste noch im letzten Feldzug trat, weil ihm erst Graf Max Gronsfeld, dann Baron Enckefort vorgezogen worden waren. Zu nennen ist noch der verwegene Jean de Werth, ein Wallone wie Tilly. Schon vor der Nördlinger Schlacht 1634 kommandierte er als Generalwachtmeister drei Kavallerieregimenter. Er bat damals vergebens um die Feldmarschallwürde. Erst im Jahre 1643 stieg er zum General der Kavallerie. Aus Verdruß trat er am 2. Juli 1647 zu den Kaiserlichen über und starb, vom Kaiser zum Oberbefehlshaber seiner gesamten Kavallerie befördert, 1652. Vermählt war er mit einer Gräfin Spaur.

Ein sehr unwilliges Gemüt machte sich der Kurfürst selbst bei Jean de Werth, und dieser Unwillen war der Hauptanlaß, daß dieser ihm die Treue brach und 1647 zum Kaiser überging. Man kann kaum zweifeln, daß Ärger über Nichtbeförderung das Hauptmotiv bei Werth gewesen sei, daß er diesen desperaten Schritt tat. Wiederholt hatte der Kurfürst ihm andere vorgezogen, wiederholt schon seit Jahren an seinen Leistungen gemäkelt. Sein verwegener Streifzug nach der Picardie im Jahre 1636, der Paris so in Alarm brachte, daß man mit dem Namen Jean de Werth seitdem den Kindern Furcht machte, war in München als »ungeheißen« gar nicht wohlgefällig aufgenommen worden. Er erhielt einen Verweis »wegen nicht gehaltener Disziplin und ruinierter Infanterie«. Schon damals schrieb Werth aus Köln, weil er sehe, daß einige ihn gern in Ungnade bringen wollten, wolle er gern »quittieren und dem Kurfürsten aufwarten«. Dieser suchte ihn zu begütigen, versicherte ihm, er sei nicht in Ungnade, er solle »nur eifrig kontinuieren«.

Am 7. September 1644 hatte man Werth aus München geschrieben, man vernehme vom Feldmarschall Mercy, er [Werth] habe auf dessen Kommando mit 2000 Mann eine Kavalkade unternehmen sollen. Obgleich er dem Feind überlegen und das Heer im Rücken, hätte der den Feind nicht allein ungerupft von sich gelassen, sondern gar keinen Gefangenen eingebracht, so doch vorher, wenn er schwächer gewesen, nie geschehen. Er solle berichten, wie das zugegangen, damit man ihn entschuldige und nicht sage, er sei derjenige alte von Werth nicht mehr, der er hiervor gewesen. Darauf gab Werth unterm 14. September nach München zu vernehmen: Mercy – Werths Hauptrivale – habe ihm das Fußvolk abgeschlagen, weshalb er eine schöne Gelegenheit versäumen müssen. Wenn er auch nur einen Tropfen Blut oder ein »Fünkl von Discourage« im Leibe hätte, wolle er es mit Zangen herausreißen lassen, oder wenn sonst einer wäre – außer Seiner kurfürstlichen Durchlaucht –, der es sagte, wolle er lieber sich mit Zangen mit ihm reißen. Seine bisherigen Aktionen wie auch alle Soldaten, vom höchsten bis zum untersten, müßten ihm dies Zeugnis geben. Man wolle die Opinion [Meinung] von ihm haben, wenn er beide Feinde, als den Torstenson vormittags, die Franzosen aber nachmittags, ruinieren könnte, er sein Leib und Leben, Gut und Blut daran strecken wolle.

Darauf kam von München die Begütigung, mehr verlange man nicht zu wissen, um ihn entschuldigen zu können, er solle mit seinen treuen Diensten kontinuieren. Die bloße Kontinuation genügte aber Werth nicht, er wollte das Oberkommando, und da er es nicht erhielt, fiel er ab.

Das Schreiben an Werth war ganz glimpflich, ganz anders wurde Piccolomini angelassen, als er im letzten Jahre des Krieges zögerte, Bayern zu schützen. Unterm 9. Oktober 1648, kurz vor dem Friedensschluß, schrieb Piccolomini an Max: »Habe in 32 Jahren, solange ich dem Kaiser und dem Reich diene, dergleichen Schreiben nit empfangen, fällt mir also schmerzlich.« Und der Feldmarschall Baron Enckefort klagte sogar im bayerischen Kriegsrat, daß er bishero von Seiner Kurfürstlichen Durchlaucht »mit Schreiben so hoch traktiert worden, als wenn er ein Schulbub« wäre, da er doch von Jugend auf bis auf seine grauen Haare »seine Profession erlernet«. –

Von den von Max neueingerichteten berittenen Söldnern, der Landreiterei, ward ein gerüsteter Mann im Jahre 1605 zu zehn Gulden Löhnung monatlich veranschlagt. Ein gemeiner Fußknecht erhielt in früherer Zeit, zu Anfang des 16. Jahrhunderts, drei Pfund Pfennige monatlich im Felde, unter Max erhielt er acht Gulden, der Rottmeister 14, der Feldwebel 35, der Leutnant 45, der Fähnrich 70, der Hauptmann 250 Gulden. Tilly als Oberfeldherr hatte monatlich 4500 Gulden. Eine Armee von 30 000 bis 32 000 Mann, wie sie Max stellte, kostete monatlich über eine halbe Million Gulden, und die Tillysche Armada im Jahre 1625 monatlich 265 000 Reichstaler. Der Adel diente nicht mehr in Person, er schickte seine Reisige. Max verlangte 1605 wenigstens von ihm die Stellung von 1000 Pferden. Für ein Pferd wurden Ende des 17. Jahrhunderts 80 Gulden verrechnet.

Kurfürst Ferdinand Maria 1651 bis 1679

Der Nachfolger des ersten Kurfürsten von Bayern, Ferdinand Maria, war minderjährig. Es trat daher eine vormundschaftliche Regierung unter der Mutter an, der kaiserlichen Prinzessin Maria Anna, und dem Oheim Herzog Albrecht von Leuchtenberg – bis zum Jahre 1654, wo der Kurfürst volljährig wurde. 1652 vermählte sich Ferdinand Maria, 16jährig, mit der ebenfalls 16jährigen Prinzessin Henriette Adelheid von Savoyen. Schon von seinem Vater war diese Verbindung bei den westfälischen Friedensverhandlungen abgeredet und 1650 durch Prokuration [Vertretung durch einen Bevollmächtigten] in Turin vollzogen worden.

Die Prinzessin war die Tochter des Herzogs Victor Amadeus und der Herzogin Christine von Frankreich, eine Enkelin des Königs Heinrichs IV. von Frankreich. Sie war eine Frau von ebenso großer weiblicher Schönheit als männlicher Entschlossenheit und Klugheit. Der Liebling des alten Kurfürsten, Philipp Graf Kurtz, der Obersthofmeister und Geheime Ratspräsident, der 1650 in Turin die Heirat durch Prokuration vollzogen hatte, ging mit sieben Kavalieren, den Grafen Rechberg, Pienzenau, Seiboltsdorf und Törring und den Freiherrn von Haslang, Preyssing und Taufkirchen, überhaupt mit einem Gefolge von 360 Personen, wiederholt dahin, um die Prinzessin einzuholen. Am 17. Juni 1762 erreichte sie Kufstein, hier ward sie von dem Geheimen Rat und Oberhofmarschall Baron von Metternich, der der Oberhofmeister des Kurprinzen gewesen war, empfangen, einer der ihn begleitenden Kavaliere überreichte ihr ein kurfürstliches Handschreiben. Nachdem sie es gelesen, erkannte sie in dem Überbringer ihren Gemahl. Am 25. Juni war die Einsegnung in München.

Ferdinand Maria war von einem geistesüberlegenen Vater und den Jesuiten erzogen worden und blieb sein ganzes Leben lang ein schwacher, schüchterner Herr, der neben unbegrenzter Demut gegen die Kirche sich unter die Leitung seiner ihm sehr überlegenen Gemahlin und der von ihr bevorzugten Ratgeber stellte. Diese Ratgeber waren jetzt nicht mehr die Jesuiten, sondern die Theatiner [nach Theate, dem lateinischen Namen der italienischen Stadt Chieti; Angehörige eines italienischen katholischen Ordens]. Die Kurfürstin hatte sie aus ihrem Vaterlande mit sich gebracht, ihre Beichtväter waren Theatiner, erst Pater Pesse, dann Pater Antonius Spinelli aus Roveredo, der 1674 starb. Schon Pater Pesse hatte zu dem Grafen Kurtz, der die neue Kurfürstin aus Turin nach München begleitet hatte, gesagt: »Die Jesuiten dahier sind gar zu vorherrschend und gewaltig, nehmt uns in das Land auf, wir sind der Kappzaum der Jesuiten.« Jedoch die Grafen Kurtz waren selbst zu sehr Jesuitenanhänger, als daß sie diesen Anschlag hätten unterstützen sollen. Er gelang erst, nachdem die Eifersucht der Jesuiten und Theatiner durch einen besonderen Vorfall zum öffentlichen Ausbruche gekommen war:

Seit 1656 war in der Theatinerkirche ein Bild von Sandrart aufgestellt, das den Stifter des Ordens der Theatiner, den heiligen Kajetan, Graf von Thiano, darstellte, wie er zu Neapel die Pest heilt. Pater Gumppenberg in der Jesuitenkirche leugnete diese Wunder des heiligen Kajetan, die man hauptsächlich nur von dem heiligen Sebastian, dem großen allgemeinen Schutzpatron gegen die Pest, oder von dem Jesuitenheiligen, dem heiligen Franz Xaver, erwarten könne. Der neue Theatinerbeichtvater der Kurfürstin, Spinelli, ließ dagegen auf ihren ausdrücklichen Befehl Gegensätze sogar an den Kirchentüren anschlagen. Und in derselben Zeit gebar Adelheid nach achtjähriger Unfruchtbarkeit die erste Prinzessin, Maria Anna, die nachher an den Dauphin [Thronfolger], den Sohn Ludwigs XIV. von Frankreich, verheiratet wurde. Der Kurfürst hatte dem heiligen Kajetan ein Gelübde getan, daß er, wenn seine Gemahlin ihm Erben schenken würde, ihm eine Kirche und ein Kloster zu München bauen wolle. Nun war der Vorzug der Theatiner entschieden, der Kurfürst baute mit großer Pracht die neue Theatinerkirche in München, auf Bitten seiner Gemahlin erklärte er den Jesuiten gar zum Trotz den heiligen Kajetan zum Patron des Kurhauses, der Kurlande und der Stadt München, selbst ohne Rücksicht auf die frühere Patronatsherrlichkeit des heiligen Benno zu nehmen, die einst 1576 Herzog Albrecht V., sein Vorfahr, verliehen hatte. Die Näherstehenden und Besserunterrichteten behaupteten freilich, daß zur Fruchtbarkeit der Kurfürstin Adelheid St. Kajetan weniger als die stärkende Arznei des damals am Münchner Hofe eine große Figur spielenden italienischen Arztes Baron Simeoni und sogar noch etwas anderes beigetragen habe.

Durch die Kurfürstin Adelheid ward der Kurfürst – wie vom heiligen Benno zum heiligen Kajetan – auch von dem zeither fast ununterbrochen im Hause Bayern festgehaltenen kaiserlichen Interesse in das französische herübergeleitet. Nach dem Tode Kaiser Ferdinands III. im Jahre 1657 boten ihm Ludwig XIV. und der Kardinal Mazarin die wirksamste Unterstützung Frankreichs zur Behauptung der eben durch den Tod Ferdinands III. freigewordenen Kaiserkrone gegen Ferdinands Sohn, den König Leopold von Ungarn, an. Die Unterhandlung ging erst acht Wochen lang durch einen italienischen Kastraten Otto Melani, der ehemals in der Münchner Kapelle gesungen hatte und daher der Kurfürstin wohlbekannt war. Als dieser, ein drolliger Mensch, der nicht ohne Geist war, auf einer zweimaligen Reise, die ihn Mazarin nach München machen ließ, nichts ausrichtete, kam der Domherr Franz Egon Graf von Fürstenberg, welcher Gesandter von Ferdinand Marias Oheim, Kurfürst Ferdinand von Köln, beim Frankfurter Kaiserwahl-

Tage war, nach München. Dieser glaubte schon, sich untrüglich über die Absicht des Kurfürsten aufgeklärt zu haben, die Kaiserkrone zu nehmen, als dessen Gesandter Kanzler Dr. Oexel in Frankfurt laut im Kurfürstenkollegium erklärte, wenn auch alle Kurfürsten seinem Herrn die Krone aufsetzen wollten, würde er doch den Kopf schütteln, so daß die Krone vor ihre Füße niederfallen werde.

Endlich, im Dezember 1657, kam der Marschall von Grammont, französischer Botschafter zu Frankfurt, der ehemals nach der Nördlinger Schlacht der Gefangene des Kurfürsten Max gewesen war und den dieser mit den höchsten Ehren aufgenommen hatte. Er hatte damals im Hause des Grafen Kurtz gewohnt, und seitdem war eine Korrespondenz zwischen diesem und dem Marschall unterhalten worden. Grammont kam nicht, um zuzureden, wie er dem Kurfürsten sagte, sondern nur, um sich über seine Intentionen aufzuklären. Er tat endlich, was Kurtz, in dessen Hand er war, ihm riet: Er erklärte sich dagegen, und zwar aus Gründen, »die, dürfte er sie verraten, jeden zum Schweigen bringen« würden. Grammont erzählt, daß der Schmerz der Kurfürstin überschwenglich gewesen sei, als sie erfuhr, daß mit einem Manne nichts anzufangen sei, der erfinderisch sich seiner eigenen Persönlichkeit bediente, um sich selbst Widerstand zu machen. Darauf ward 1658 der Erzherzog von Österreich als Leopold I. zum Kaiser gewählt.

Als jedoch der alte Graf Kurtz, der sich so entschieden gegen die Annahme der Kaiserkrone erklärt hatte, 1662 gestorben war, trat nun Hermann Egon Graf von Fürstenberg, Sohn des Generals und Hofmarschalls Egon, in der Eigenschaft als Obersthofmarschall und später Obersthofmeister und Präsident des Geheimen Rates des Kurfürsten als dessen Hauptleiter auf. Er war der Bruder jenes bei den Unterhandlungen über Annahme der Kaiserkrone als Diplomat genannten Domherrn Franz Egon von Fürstenberg, der 1682 als Bischof von Straßburg, das unter ihm von Ludwig XIV. weggenommen wurde, starb, und zugleich war er der Bruder eines dritten Egon von Fürstenberg, Wilhelm, der bei Ferdinand Marias Bruder, Max Heinrich Kurfürst von Köln, alles galt. Man nannte diese drei schwäbischen Grafen Egon von Fürstenberg nur »die drei Egonisten«, um ihren Egoismus zu bezeichnen. Sie dienten, obgleich Kaiser Leopold Hermann Egon 1664 in den

Reichsfürstenstand erhoben hatte, ganz dem französischen Interesse und empfingen Jahrgelder von Frankreich. Fürst Hermann befestigte das gute Vernehmen zwischen den Höfen von Versailles und München bis zu seinem Tode 1674.

Der Kurfürst Ferdinand Maria schloß sich dem neuen kaiserlichen System nicht an, das, seit Ludwig XIV. 1672 Holland überfallen hatte, den Kaiser, das Haupt der Katholiken, gegen Frankreich in den Bund mit dieser protestantischen, ketzerischen Republik und später mit dem ebenfalls ketzerischen England brachte. Er schrieb dem Kaiser noch unterm 6. Juni 1673 aus Schleißheim, er möge doch wegen der hochmütigen Holländer, die es weder um kaiserliche Majestät noch um das Reich verdient hätten, den Friedens- und Ruhestand des geliebten Vaterlandes nicht zerfallen lassen. Obwohl das Reich 1674 dem Kriege des Kaisers beitrat, blieb Ferdinand Maria neutral; für diese Neutralität bezahlte ihn noch Frankreich gut. Nach den Verträgen von 1670, 1673, 1674 und 1678 erhielt Ferdinand Maria 2 472 000 Gulden Subsidiengelder [Hilfsgelder]. Er sagte: »Schon als Knabe griff ich mit Händen, wie alle Hauskriege zu Reichskriegen gemacht, wie die Völker der Fürsten und der Liga zu fremden Zwecken mißbraucht worden. Im Kriege stets vorangestellt, bleibt das Reich in Frieden immer nur das geopferte Stiefkind.«

Seines Vaters Regierung hatten 30 schreckliche Kriegsjahre erfüllt, Ferdinand Marias Regierung waren fast 30 Jahre des Friedens. Das Land erholte sich in diesen Friedensjahren wieder etwas. Noch einmal nach 57jähriger Unterbrechung ward unter Ferdinand Maria 1669 ein bayerischer Landtag gehalten; es war der letzte bayerische Landtag. Das Land übernahm auf demselben 1 350 000 Gulden Schulden, man traf Vorsorge selbst für außerordentliche Zeiten mit den Steuern, seitdem wurden nur noch in den sogenannten Postulatshandlungen von einem in München sitzenden landständischen Ausschuß von 20 Mann die Steuern gefordert. Diese Ausschußpersonen lohnte man, wie der Geschichtsschreiber der bayerischen Landstände, Rudhart, sagt, mit dem übergroßen Vertrauen ab, »es mit Ablegung ihrer Rechnungen nicht so streng« zu nehmen. Sie bewilligten dem Landesherren die Steuern, wie er sie begehrte. Unter dem letzten Kurfürsten Carl Theodor erhielten sie täglich zehn Gulden, dazu Orden, Kammerherrnschlüssel und andere Auszeichnungen, der Kanzler noch ein besonderes jährliches Gnadengeld vom Hofe oder eine Landpflege. »Dem Landschaftskanzler sagte man nach«, schreibt Rudhart, »seine Stelle sei nach der des Ministers die einträglichste im Lande.« Wegen der Kriegsunruhen zwischen dem Kaiser und Frankreich ward ein stehendes Herr unterhalten, das Münchner Zeughaus konnte 30 000 Mann mit Waffen versehen.

Die ganz französisch gebildete Kurfürstin Adelheid setzte den Hof auf einen ganz neuen Fuß. Das Schloß zu München ward ganz neu montiert und mit größter Pracht ausgestattet. Der Tourist Chapuzeau rühmt namentlich die Appartements der Kurfürstin, die aufs reichste, zierlichste und geschmackvollste mit den schönsten Möbeln, Plafonds, Täfelwerk, Vergoldungen, Lüstern und großen Spiegeln, namentlich aber mit ausgezeichneten Gemälden der besten Meister Italiens und Flanderns ausgestattet gewesen seien. Nymphenburg, von einem Edlen von Gassner erkauft, war der Kurfürstin 1662 bei der Geburt des Kurprinzen zum Kindbettgeschenk verehrt worden. Seit 1663 ließ sie hier ein neues Lustschloß im französischen Stile von ihrem Architekten Augustin Borello bauen.

Die kostspieligste Neuerung war die Einbürgerung der italienischen Oper. 1658 wurde nach dem Muster des Palladioschen in Vicenza das neue Schauspielhaus hinter der Salvatorkirche gebaut, es stand bis zum Jahre 1802, wo es abgebrochen wurde. Die erste italienische Oper, die hier am 22. November 1662 bei der Taufe des Kurprinzen aufgeführt wurde, war von Peter Paul Graf Bissari, kurfürstlicher Kämmerer. Die Opern gab der Hof unentgeltlich dem Adel und Volke mit großer Pracht, die Textbücher und sogar die Abbildungen der neuen Szenerien wurden dabei ausgeteilt. Der Hof hatte schon einen Theaterdichter: den genannten Graf Bissari. 1680 führte der damals erst 22jährige berühmte Neapolitaner Scarlatti eine seiner Opern in München auf. Nächst der italienischen Oper bestanden noch ein deutsches und ein französisches Schauspiel – der Kurfürst unterhielt diese drei Schauspielergesellschaften in München. Nächstdem gingen die Jesuitenschauspiele fort, dazu gab es noch eine Art von Volkstheater in München. Mit ihren

18. Lustschloss und Lustgarten Nymphenburg bei München

Darstellungen, den sogenannten »Weberspielen«, wanderten diese Schauspielergesellschaften für das Volk, Schüler und müßige Handwerker, besonders Weber, in den Städten und Märkten umher. Faber, ein Brauer, räumte ihnen endlich zu München den Hinterteil seines Brauhauses auf der Sendlingergasse ein. Auch die italienischen Lustreisen zum Karneval und anderen Festen in Venedig, die nachher eine stehende Ergötzlichkeit für die bayerischen Kurfürsten seit Max Emanuel wurden, begannen unter Ferdinand Maria.

1674 brach im Schlosse zu München ein Brand aus, um die Zeit des Schlafengehens, durch Unvorsichtigkeit des Fräuleins von la Perouse, der ersten Dame d'honneur [Ehrendame] der Kurfürstin, einer sehr frommen Dame, die über ihrem Abendgebete bei brennender Wachskerze eingeschlafen war; die Bettvorhänge wurden von der Kerze ergriffen. Kaum konnte sich die Kurfürstin, halb angekleidet, mit ihren Kindern und Kammerfrauen durch den bedeckten Laubengang, der das Schloß mit dem Theatinerkloster verband, retten. Vergebens hielt die herbeigeeilte Priesterschaft mit dem Allerheiligsten dreimal Umgang um die Flammen, das Schloß brannte zum großen Teile aus. Nur die Skapuliere [geweihten Bänder] und Agnus Dei, die man ins Feuer warf, erhielten, wie der Marquis von Beauveau, der Erzieher des jungen Kurprinzen, berichtet, den übrigen Teil, oder die Besonnenheit eines italienischen Baumeisters, der die Verbindung mit den Vorzimmern zertrennte, oder endlich eine starke Quermauer vor dem sogenannten Kaisersaale. Der Kurfürst war nach Braunau gereist, er sah mit Gleichmut den Schutt und tröstete die untröstliche Urheberin des Unglücks.

Seit diesem Schreck kränkelte die Kurfürstin, zwei Jahre darauf starb sie, von den Jesuiten mit auffallendem Stillschweigen bei ihrem Tode behandelt. Von dieser Kurfürstin Adelheid ist die noch heute zum Teil in München bestehende »Zugenglocke« gestiftet, die, wenn jemand in den letzten Zügen liegt, auf Verlangen geläutet wird, damit die Gläubigen sich in der Kirche zum Gebete versammeln. Die Stiftung ward nach Aufhebung der Klöster von der Theatinerkirche auf die Kirche Unserer Lieben Frau übertragen. Von derselben frommen Kurfürstin ward auch 1663 die hochadlige Versammlung der »Sklavinnen Mariä« gegründet.

Mit ihrem Tode floh der Reiz des Lebens für Kurfürst Ferdinand Maria. Er zog sich in die Einsamkeit der Klause zu Schleißheim zurück, wo er in Schwermut und Andacht noch drei Jahre zubrachte. 1679 folgte er seiner geliebten Gemahlin nach, er starb in dem stillen Schleißheim an einer ganz plötzlich zugestoßenen Schwachheit innerhalb einer Viertelstunde. Er hinterließ vier unmündige Kinder, außer seinem Nachfolger Max Emanuel noch einen Prinzen und zwei Prinzessinnen. Joseph Clemens wurde mit 14 Jahren Bischof von Regensburg und Freising und mit 17 Jahren, 1688, Nachfolger seines Oheims Maximilian Heinrich, Kurfürsterzbischof von Köln; dazu erhielt er noch die Bistümer Hildesheim 1694 und Lüttich 1714 und starb 1723. Von den beiden Prinzessinnen vermählte sich die Älteste, Maria Anna, 20jährig 1680 mit dem Dauphin, Sohn Ludwigs XIV., und starb 1690, die Jüngste 16jährig 1689 mit dem Erbgroßherzog Ferdinand III. von Florenz und starb 1731. Beide Prinzessinnen starben, ohne die Kronen, für die sie bestimmt waren, zu erlangen.

Zum Schluß lasse ich noch eine Beschreibung der Hoffestlichkeiten in München beim Besuche des Erzbischofs von Salzburg im Sommer 1672 folgen. Dieser Erzbischof war, wie fast alle Salzburger Kirchenfürsten damaliger Zeit, ein höchst splendider Herr, ein steiermärkischer Graf Khüenburg, Max Gandolph. Der Empfang, den ihm die fürstlichen Herrschaften in München zuteil werden ließen und den ein Franzose Chapuzeau, früher Hofmeister des Prinzen von Oranien, nachmaligen Königs Wilhelm III. von England, in seiner »Relation de la cour de Bavière [Bericht über den Hof von Bayern]« zum Schlusse gibt, beweist, daß man im Glanze nicht zurückbleiben wollte. Der Prälat verweilte 18 Tage, der Tourist hebt drei derselben heraus: den Einzugstag, den der Fahrt auf dem Buzentaurus [Prunkschiff] im Starnberger See und das Karussell [Ringelrennen] mit dem großen Feuerwerk. Ich beschränke mich auf einen Auszug der Festlichkeiten der beiden letzten Freudentage.

Die Promenade auf dem Starnberger See war nach Chapuzeaus Beschreibung eine der köstlichsten und königlichsten Ergötzlichkeiten, die man sich nur ausdenken kann. Die Fürstlichkeiten reisten am Morgen von München ab und machten mittags auf der Mitte des Weges halt. Die Gesellschaft speiste hier unter Zelten, die so schön geordnet und so zahlreich waren, daß es schien, als kampierte eine Armee. Nach Tisch brach man nach dem See auf, sobald man ihn erblickte, erfolgte die Begrüßung durch die Kanonen des Schlosses und die am Ufer aufgestellten Böller. Man stieg jetzt in den berühmten Buzentauro. Diesem Buzentauro, dem berühmten venezianischen des Dogen nachgebildet, den der Kurfürst auf der italienischen Reise 1667 gesehen hatte, hat Chapuzeau ein eigenes Kapitel gewidmet – und allerdings war es ein Kapitalschiff. »Alle die Herrlichkeiten«, schreibt er, »und kuriosen Dinge, die man in Bayern sehen kann, übertrifft der Buzentaurus, der auf dem Starnberger See ist – er muß für ein Wunderwerk der Zeit gelten. Nicht nur steht er weder an Schönheit noch an Größe dem von Venedig nicht nach, von dem man so viel Aufhebens macht, der bayerische hat noch etwas [...] Prachtvolleres. Vom Vorder- bis zum Hinterteil ist er bis ins Wasser hinein vergoldet; es befindet sich auf dem Schiff eine Säulenhalle, vor der eine hohe und schöne künstliche Fontäne steht, von ihr kommt man in einen großen Salon und zwei Kabinette. Rings um das Schiff läuft eine Galerie in Gestalt eines Balkons, auch sie ist vergoldet und mit Gemälden geziert. Der Hinterteil des Schiffes stützt sich auf zwei Löwen, die eine große Schiffslaterne tragen, und auf dem Vorderteil steht eine Statue des Neptun als Riese, der mit der einen Hand einen Dreizack hält und mit der anderen zwei Segel aufzuspannen scheint. Das oberste Teil des Schiffes ist ebenfalls durch die Fontäne bewässert, alles Außenwerk [...] vergoldet und mit Schnitzwerk verziert, bedeckt mit einer Masse von Wimpeln, Flaggen und Fahnen. Der Reichtum der Möbel im Innern entspricht ganz der Pracht von außen, und diese ungeheure Maschine wird von 150 Ruderern gesteuert, die man, wie beim Buzentauro von Venedig, nicht sieht und deren gemalte und vergoldete Ruder einen überaus schönen Anblick gewähren.«

In dieses prächtige Schiff stiegen die Fürstlichkeiten von München und Salzburg, ihre Suite stieg in eine Gelasse [kleines Küstensegelschiff] und in eine große Anzahl von Brigantinen [zweimastigen Segelschiffen] und andere dergleichen Fahrzeuge. Während man sich dem Schlosse Starnberg näherte, das von einer Höhe herab den See beherrscht, grüßten sich die Kanonen desselben und die des Buzentaur, in der Zwischenzeit feuerten die Böller am Ufer des Sees. Der ganze Hof soupierte und schlief im Schlosse. Den folgenden Tag war man des strömenden Regens halber gezwungen, inne zu bleiben und sich mit verschiedenen Spielen zu ergötzen.

Aber am nächsten Tage war das Wetter wieder schön. Die Fürstlichkeiten bestiegen wieder den Buzentaur, ihre Suite die übrigen Schiffe. Man fuhr nach Possenhofen, wo man dinierte. Nachmittags fuhr man auf dem See zurück, um eine Hirschjagd zu genießen, die Hunde trieben eine Menge dieser Tiere ins Wasser, wo die Fürstlichkeiten sie erlegten. Darauf ging man zur Fischerei über, nicht bloß von Fischen, sondern auch von Perlen. Das Souper ward im Schlosse Starnberg genommen. Und darauf begab man sich das dritte Mal zu Schiffe, um eine neue Ergötzlichkeit zu beschauen, nämlich eine Anzahl Brandschiffe und Wasserfeuerwerke, die einen bewunderungswürdigen Anblick gewährten. Damit schlossen die Starnberger Festlichkeiten.

Auf sie folgte das Karussell. Es fand in der Reitbahn zu München statt, einem Prachtgebäude, dem der Tourist, wie den daranstoßenden Gärten, ebenfalls ein paar besondere Kapitel gewidmet hat. »Die Reitbahn«, schreibt er, »stößt ans Zeughaus, wie dieses ist es eines der schönsten Gebäude, das man sehen kann. Der Platz, wo die Karussells stattfinden, ist lang und breit und bedeckt; ringsherum läuft eine doppelte Reihe von sehr schön gemalten und ausgezierten Galerien. Etwas Ähnliches sieht man nicht in ganz Deutschland [...] An die Reitbahn stoßen die Gärten. Sie sind in vier große Karrees geteilt, die verschiedene Marmorbassins und Bronzefontänen zu einem heitern Aufenthalte machen; sie werfen die Wasserstrahlen allerorten hin durch Figuren, ebenfalls von Bronze. Man trifft dort eine große Menge Grotten und überall die seltensten Statuen, viele Lauben und auch einen schönen Teich, an dessen Ufer ein angenehmes Lusthaus für die Herrschaften erbaut ist. Zu diesem Lusthaus gelangt man aus dem Schlosse durch eine schöne, 300 Schritt lange Galerie, die von Arkaden gebildet wird. Diese Arkaden des Hofgartens sind mit Orange- und Granatbäumen und mit allen Blumen erfüllt, die nach Languedoc und Italien versetzen.«

In dem Theater der Reitschule nahmen die Fürstlichkeiten des Münchner und Salzburger Hofes auf einem herausgebauten Balkon in der Mitte des Theaters Platz. Es traten zwei Quadrillen zu je 24 Kavalieren auf, die erste geführt von dem Kurfürsten, die zweite von seinem Bruder Herzog Max von Leuchtenberg. Allemal ritten vier Personen zugleich und machten schöne und regelrechte Figuren; jedermann machte mehrere Ritte gegen Köpfe, mit der Lanze, dem Wurfspieß, der Pistole und dem Degen. Der Oberstallmeister Graf Tattenbach trug den ersten der drei Preise, die in ungeheuer großen und herrlich gearbeiteten silbernen Schüsseln bestanden, davon, der Herzog Max den zweiten und den dritten der Gardekapitän und Erste Kammerherr Chevalier de la Perouse. Die Kurfürstin verteilte die Preise.

Abends soupierte man in dem großen Garten am Stadtgraben, wo die Tafel in einem der vier Eckpavillons dieses angenehmen Lustaufenthaltes angerichtet war. Man übersieht aus demselben die ganze Landschaft und den ganzen Garten, der so groß ist, daß er einen See und verschiedene fischreiche Kanäle einschließt, mit einer Anzahl von schönen Alleen, Logen, Grotten und Fontänen. Der Hof speiste fast jeden Tag an einem anderen Orte: einmal in den Appartements des Erzbischofs, ein anderes Mal in denen des Kaisers, dann in dem Perspektiven-Saale, im Antikensaale oder im Hofgarten. Überall war die Tafel prachtvoll besetzt, regelmäßig wurde von Vermeil [vergoldetem Silber], manchmal von massivem Golde gespeist und immer mit einer Profusion [Überfluß], einer Pracht und einer Zierlichkeit, daß nur der eine Vorstellung davon hat, der zugegen war. Alle schönsten Früchte Italiens, Pfirsiche und Muskatellertrauben wurden auf der fürstlichen Tafel zu München in Fülle aufgetragen. An den Fasttagen kamen ungeheure Fische, von denen die Seen Bayerns einen großen Überfluß liefern, zum Vorschein. Einmal stellten Fleischspeisen und Früchte eine Schiffsflotte dar, ein anderes Mal war ein Lager zu sehen mit seinen Zelten in den buntesten Farben.

Zu der Tischpracht kam die Kleiderpracht. Alle Tage wurden neue, sehr reiche und zierliche Kleider angelegt. Die Kurfürstin Adelheid erschien am ersten Tage ganz bedeckt mit Perlen, sowohl mit ihren eigenen als mit zwei Reihen aus dem Schatze von unschätzbarem Werte. Am zweiten Tage zeigte sie sich über und über bedeckt mit Ketten, Nadeln und Rosetten von Diamanten. Man sah fast nichts von ihrem

Kleide. Den dritten Tag trug sie Rubine, den vierten Smaragde und den fünften Amethyste. Ausgenommen die großen Zeremonientafeln, speisen Kurfürst und Kurfürstin, der Kurprinz und seine Schwester ganz allein, was die anderen Kurfürsten nicht tun.

Sobald die ersten Schüsseln weggenommen waren, entfernte sich der Dienst beider Höfe, um in anderen Gemächern sehr splendid und herrlich zu speisen. Nach dem Souper im Eckpavillon des großen Gartens begaben sich die Fürstlichkeiten auf die Kapuzinerbastion, um das große Feuerwerk zu besehen. Man hatte drei Monate lang daran gearbeitet, es stellte eine 26 Fuß hohe und 200 Fuß breite Festung von drei Stockwerken dar, umgeben von Bäumen, zwischen den Bäumen standen Figuren mit den Namensbuchstaben des geistlichen Gastes und in der Mitte eine Statue der Stärke mit seinem Wappen. Zwei Bataillone Infanterie, vier Schwadronen Kavallerie und 12 Feldstücke feuerten unaufhörlich, während das Feuerwerk spielte. Es spielte in drei Akten. Jeden eröffneten vier große Bombenschüsse, und jeder dieser Bombenschüsse spie drei Feuerballen aus, die beim Platzen in der Luft 200 Schläge ausschütteten. Die Krone des Feuerwerks, das zwei Stunden dauerte, waren 12 Girandolen [Feuerräder], begleitet von zehn Bombenschüssen mit 100 Feuerballen. Ganz München erschien tageshell bei diesem gewaltigen Geknalle. Zum Abschied ward dem geistlichen Gaste eine französische Komödie gegeben. Der Gegenstand war eine Intrige vom damaligen großen Jahrmarkt in München, der 14 Tage lang hintereinander währte.

Chapuzeau berichtet noch von der Feier der beiden Geburtstage des Kurfürsten und der Kurfürstin im Oktober 1672. Die Kurfürstin veranstaltete ihrem Gemahl eine kleine Oper mit Tänzen, komponiert von einem Italiener. Der Kurfürst gab als Gegenfest seiner Gemahlin ein prächtiges Turnier.

Der italienische Tourist Abbé Pacichelli, der im Jahre 1676 den Münchner Hof besuchte, fand denselben ganz auf den Fuß des kaiserlichen eingerichtet. Wie erwähnt, war seit Ankunft der Kurfürstin Adelheid eine bedeutende Glanz- und Aufwandssteigerung eingetreten. In dem in 40 Artikeln übergebenen Ersparungsgutachten des Kammerpräsidenten Mandl, das 1662 seinen Sturz herbeiführte, hatte er sich so vernehmen lassen: »Übermaß in allen Ämtern, als Frauenzimmer, Kämmerer, Musik, Kammerdiener, Medici [...] Beide Oberhofmeisterinnen nehmen hinweg und geben anderen, was sie wollen [...] Jetzt geht mehr Zucker als vor diesem Salz auf.« Abbé Pacichelli fand in München 20 Kammerherren mit dem goldenen Schlüssel wie in Wien, eine Kapelle von 40 Musikern, eine Leibgarde von 60 Trabanten und 100 Mann zu Pferd »mit livreemäßigen Kasacken«, das heißt uniformiert, und überdem eine Masse von Unterbedienten.

Der Geheime Rat bestand 1672 aus sieben Personen; an der Spitze – was charakteristisch ist – die ersten drei Hofchargen, mit denen, wie Chapuzeau anmerkt, die fremden Minister die Geschäfte verhandelten.

Kurfürst Maximilian II. Emanuel 1679 bis 1726

Hatte sich Kurfürst Ferdinand Maria dem französischen Wesen und Interesse sehr geneigt finden lassen, so ward unter der 47jährigen Regierung seines Nachfolgers Max II. Emanuel der bayerische Kurhof zu München schließlich völlig französisch. Max Emanuel war 1662 zu München geboren und beim Tode seines Vaters noch nicht 17 Jahre alt. Es trat daher wieder eine kurze, 14monatige vormundschaftliche Regierung ein, die sein Oheim Max Philipp von Leuchtenberg führte.

Schon als Kind hatte Max Emanuel die größten Erwartungen erregt. Er genoß die vortrefflichste Konstitution, zeigte frühzeitig bewunderungswürdiges Geschick für ritterliche Übungen und saß schon als zehnjähriger Knabe wie der beste Stallmeister fest im Sattel. Besonders aber hatte der Prinz durch Folgsamkeit, gefällige Manieren und ein gewisses gesetztes Wesen angenehme Erwartungen erregt. Durch die Vorsorge der selbst französisch gebildeten Mutter hatte er einen französischen Erzieher, Heinrich Marquis von Beauveau, erhalten, der ein gewandter Mann war und im Feld und an den Höfen während der damaligen lothringischen Unruhen viele Erfahrungen gesammelt hatte. Unterinstruktor war der Altbayer Corbinian Prielmayr von Priel, der nachher zum Geheimen Sekretär, Geheimen Feldkanzleidirektor, Hofkammerpräsidenten, Gesandten beim Rijswijker Friedensschluß 1697 und zuletzt zum Premierminister stieg, als welcher er 1707 starb.

Sobald Max Emanuel sein eigener Herr war, traten, unter den Schmeicheleien der Höflinge noch größer gezogen, die beiden Hauptneigungen der damals lebenden großen Herren bei ihm heraus: der Durst nach Wohlleben und Vergnügen und der Durst nach Ruhm und Glanz. Das Leben, das er wie einen Freudenbecher niederzuschlürfen gedachte, erwies sich leider gegen Max Emanuel zuweilen sehr ernst, und in diesen ernsten Momenten fehlte ihm die Kraft des Charakters, die innere Sammlung. Von ihr nicht gekräftigt, ward er ein Spielball der äußeren Eindrücke, die auf ihn einkamen, ein trauriges Beispiel, zu welcher Erniedrigung auf einem Throne der Leichtsinn hinführt.

Max Emanuel scheint es schwer angekommen zu sein, sich mit den Geschäften zu befassen. Sein ehemaliger Instruktor und damaliger Kabinettssekretär Corbinian Prielmayr von Priel war daher sinnreich genug – um dem jungen Herrn nach seinem Regierungsantritt Geschmack an den Geschäften und namentlich am Selbstlesen der einlaufenden Berichte beizubringen –, eine Verordnung ausgehen zu lassen, daß alle Beamten in Bayern sich einer schönen Handschrift befleißigen sollten – bei Verlust ihrer Stellen. Alle Landeskanzleien empfingen in Kupfer gestochene Vorschriftsblätter, und es wurden sogar eigens Schreibelehrer angestellt.

Der Anfang der Regierung Max Emanuels fiel in die Zeit, wo in Deutschland alles zwischen dem alten Hause Habsburg und der neuen Sonne am politischen Himmel, der französischen Sonne Ludwigs XIV., schwankte. Die Räte Max Emanuels waren fast alle österreichisch gesinnt. Daher gelang es Ludwig nicht, den jungen Kurfürsten zu einem Bündnisse zu bewegen. Um indessen Fuß in München zu fassen, erbat sich Ludwig für seinen Dauphin die Hand der Schwester Max Emanuels, der Prinzessin Maria Anna. Gleich nachdem der berühmte Colbert zu Nimwegen 1679 den Frieden mit dem Kaiser gezeichnet hatte, ward er von da weg als Ambassadeur extraordinaire [Sonderbotschafter] nach München gesandt. Er brachte des Dauphins Bild mit, wie die »Frankfurter Relationen« berichten, »sehr künstlich in Wachs gemacht,

19. Kurfürst Maximilian II. Emanuel

so 8000 Livres gekostet«. Zugleich brachte Colbert einen berühmten Maler von Paris mit. Er malte die Prinzessin, das Konterfei ward durch einen Kurier nach Paris gesandt, wo man sie »admirabel [bewunderungswürdig] schön« fand. Am 26. Januar 1680 erschien als anderweiter Ambassadeur extraordinaire der Duc de Crequy mit den Hochzeitsgeschenken in München. Sie bestanden in sechs von Gold und Silber gestickten Garnituren und Spitzen, mit den herrlichsten Edelsteinen besetzt, im Wert von 200 000 Kronen. Am 28. Januar vollzog der Duc die Heirat mit der Prinzessin durch Prokuration im Herkulessaal der Residenz zu München. Darauf reiste er mit der Prinzessin ab. Zu Schlettstadt im Elsaß übernahmen sie der Duc und die Duchesse de Richelieu; am 6. März empfingen sie der König, die Königin und der Dauphin zu Chalons in der Champagne, am 18. März langte Madame la Dauphine in S. Germain und am 20. März in Versailles an.

Es war im Werke, daß Max Emanuel seinerseits auch eine französische Prinzessin, die Tochter des Herzogs von Orléans, die Schwester der Königin von Spanien, heiraten sollte. Die österreichische Partei und die Jesuiten hintertrieben das, und Kaiser Leopold ward veranlaßt, eine Zusammenkunft mit dem Kurfürsten bei dem Muttergottesbilde zu Altötting persönlich zu halten. Hier bat das allerhöchste Reichsoberhaupt Max Emanuel um seine Freundschaft und verehrte ihm einen kostbaren Degen mit Diamantgriff. Der junge Max war enthusiasmiert. Er widmete jetzt Österreich Blut und Leben – vorerst gegen die Türken, später auch gegen die Franzosen.

Max Emanuel war 21 Jahre alt, als er dem Kaiser Leopold in dem schwersten Jahre, das Österreich im 17. Jahrhundert gehabt hat, 1683, mit 11 300 Mann in Person zuzog, um seine von den Türken bedrängte Hauptstadt zu entsetzen. Er machte auf diesem Feldzuge und den ihnen nachfolgenden in Ungarn – die man die letzten Kreuzzüge nannte – seine Schule. Sein strategischer Mentor wurde der im holländisch-spanischen Kriege erprobte Feldmarschall Georg Friedrich, der erste Fürst von Waldeck. 1684 wohnte Max der Belagerung Ofens bei und erwies sich ungemein eifrig fürs Interesse Österreichs. Wie sein Großvater, der große Max, Ferdinand II. Böhmen erobern machte, so half Max Emanuel hauptsächlich dazu, daß Ungarn Leopold wieder erobert wurde.

Im Jahre 1685 kam dafür die Belohnung, die Hand der Tochter des Kaisers, der Erzherzogin Maria Antonia – jene reiche Hand, die die Anwartschaft auf die bei einer nahe in Aussicht stehenden Erledigung des spanischen Thrones nicht nach salischem Gesetz bloß an Männer zu vererbenden Niederlande, ja die Anwartschaft auf die spanische Krone selbst gab. So glaubte man in München, kannte aber und ahnte nicht Österreichs geheime Pläne.

Nach seiner Heirat tat Max Emanuel noch drei Feldzüge in Ungarn. Er war 1686 beim Sturm von Ofen, das nun nach über anderthalbhundertjährigem Türkenbesitz wieder in Österreichs Hand kam. Max Emanuel siegte 1687 mit Lothringen bei Mohacz und eroberte endlich im dritten Feldzuge 1688 als Oberfeldherr sogar das überaus wichtige Belgrad. Der junge, feurige Kurfürst zeichnete sich überall aus. Die Türken brüllten allemal, wenn er sich zeigte: »Der blaue König! Der blaue König!« Im Sturme von Ofen wurde er wiederholt zu Boden geworfen und verschüttet. Bei Mohacz pfiffen die Kugeln durch seinen Hut und Federbusch, und mehrere fuhren durch die Kleider. Eben als er in des Großwesirs prächtiges Gezelt einreiten wollte, wurde ihm noch ein Pferd unter dem Leibe erschossen.

Aber die Kosten dieser Feldzüge waren schwer: Außer 32 000 Menschen hatten die sechs Kampagnen 30 Millionen Gulden gekostet. Ebenso war die Ehre der österreichischen Verwandtschaft sehr teuer. Um den Aufwand zur Vermählung bestreiten zu können, hatte Max Emanuel von den Ingolstädter Jesuiten eine große Summe, die sie aus der Bank von Venedig zurückgezogen, entnehmen müssen. Es ward damals 1685 bei der Heirat ein prächtiges goldenes Service beschafft zu den zwei großen Büffets von Gold, welche Max Emanuels Vater bereits besaß. Das neue goldene Service bestand aus neun Dutzend Tellern und sechs Dutzend Schüsseln, ferner aus sechs Schalen, sechs Leuchtern, einem großen Gießbecken, zwei herrlich ausgearbeiteten Waschbecken, zehn Konfektschalen und vielen goldenen Löffeln, Messern und Gabeln, deren viele, gleich den Vorschneidemessern, mit Edelsteinen besetzt waren. Es war das erste jener prächtigen Service, deren es bis zur Revolutionszeit nur fünf, wie behauptet wurde, in der Welt gab. Bei den teuren Vermählungsfestlichkeiten, die in München stattfanden, ward unter anderem eine Oper von Abbé Agostino Steffani, nachherigem Kapellmeister in Hannover und Bischof von Spina, mit wahrhaft königlicher Pracht gegeben.

Die kaiserliche Prinzessin blieb indes nicht lange bei ihrem Eheherrn, sondern ging in die Kaiserburg nach Wien zurück. Die Jesuiten setzten dem jungen Kurfürsten wegen seiner Türkenfeldzüge eine Statue vor ihrem Kollegium in München. Taufen von gefangenen Türken reihten sich von jetzt unter die Hof- und Volksfeste ein. Während der türkischen Feldzüge hatte der Kurfürst wiederholt den damaligen Hauptweltfreudenort Venedig besucht. Er kam im Karneval 1687 dahin nach dem großen Sieg bei Mohacz. Zu gleicher Zeit war Prinz Eugen da und noch eine Menge deutsche, italienische, französische und polnische Fürsten. Auch hier, im italienischen Venusberge, ward gewaltig viel Geld vertan. »I. Kurf. Durchl.«, berichten die »Frankfurter Relationen«, »kamen [...] mit einem großen Gefolge zu Venedig an [...] Bald nach seiner Ankunft traktierte der Herzog von Mantua I. K. D. sehr magnifik [...] Es war über den schönen Ball mit männiglicher Verwunderung anzusehen das über die Maßen schöne Kleid, so I. K. D. anhatte, indem solches voller kostbarer Edelsteine dergestalt besetzt war, daß es einen solchen Schein von sich warf, daß es die Augen blendete. Die Republik suchte I. K. D. alle geziemende Ehre zu bezeigen, und weil Sie den 17. Febr. das Arsenal zu besehen sich vorgenommen, so wurden in Dero Gegenwart vier große Stücke gegossen, desgleichen wurde I. K. D. zu Ehren ein neugebautes Kriegsschiff mit 400 Personen von dem Land zum erstenmal ins Wasser gestoßen, auf welchem Schiff I. K. D. und andern Prinzen eine köstliche Kollation [Erfrischung] vorgestellt wurde [...] Andern Tags wurde I. K. D. zu Ehren auf dem großen Kanal ein Schiffsgefecht von einigen venezianischen Edelleuten gehalten, und selbigen Tags wohnten auch I. K. D. dem gewöhnlichen Jahrgefechte auf der Brücke zu S. Barnabas bei.«

In München umgab Max Emanuel dieselbe Pracht, die man in Venedig an ihm bewundert hatte. Als sein Schwiegervater, der Kaiser, mit der Kaiserin und dem in Augsburg neu gekrönten Joseph I. wieder nach Wien zurückgehend, 1690 durch München kam, ließ er sie sehen – es war wieder Karnevalszeit. »4. Febr. 1690«, berichten die »Relationen«,

»kam das kaiserliche Komitat [Geleit] mittags eine gute Stunde vor München auf das Dorf und Schloß Menzing, allwo I. K. D. von Bayern mit einer ansehnlichen Suite sämtliche hohe Gäste einzuholen erschienen. Und weil dieselbe bereits vorhin sich diese hohe Ehre ausgebeten hatten, daß sämtliche Majestäten in dero Kurf. Residenzstadt München eine kleine Einkehr zu nehmen sich gnädigst belieben lassen möchten, so waren inmittelst die Zurüstungen, diese hohen Kais. und Kön. Gäste daselbst gebührend zu empfangen, mit größtem Eifer gemacht und beschleunigt worden. Wie denn noch selbigen Tag, und zwar wegen darüber einbrechender Nacht, unter häufiger Beleuchtung der Fackeln und Windlichter wie auch im Gewehr stehender Soldateska und Bürgerschaft und voran marschierender etlicher Kompanien wohlmontierter Reiter und zu dreienmalen gegebener Salve aus den Stücken der Einzug mit größter Solennität in die Stadt München geschehn. Als nun die sämtliche hohe Gesellschaft bei der Stiftskirche angekommen, empfing sie von dem H. Weihbischof von Freising das Weihwasser und wurden sämtliche Maj. [...] unter einem weißen Himmel von der ganzen Klerisei von da in den Chor geleitet. Nach geendigtem Te Deum laudamus ging der Zug vollends in die Kurf. Residenz, allwo die Zimmer vor [für] die Kais. und Kön. Majestäten extraordinari herrlich und mit den goldreichsten Tapeten behänget waren, darin auch aus dem Kurf. Schatz in lauter Gold traktieret wurde [...]

Den folgenden Tag, nämlich den 5. Febr., ließen I. K. D. nach vollbrachtem Gottesdienste und dabei angehörten herrlichen Musik, auch darauf eingenommener Mahlzeit – dabei sehr kostbar und aus lauter Gold gleichfalls traktieret und gespeiset wurde –, Dero hohe Gäste mit einer angestellten Opera belustigen, wobei die künstlichen Maschinen und das in 16mal veränderliche Theatrum wie auch die Musik und die wohlgeschickten Komödianten [...] nicht geringe Admiration [Bewunderung] verursachten [...]

Den 6. war den Mittag ein ansehnliches Turnier angestellet, zu welchem sämtliche Maj. wie auch Kur- und Fürstl. hohe Anwesende in zierlicher Ordnung vor die Stadt hinaus fuhren. Es hatten I. K. D. sich gefaßt gemacht, in eigner hoher Person eine Probe von Dero Behendigkeit sehen zu lassen, und trugen dieselbe einen rotsammeten Rock,

20. Kurfürstliche Residenz in München

welcher über und über schwer mit Diamanten und Rubinen besetzt war, so etliche Tonnen Goldes wert geschätzt wurde [...] Nachdem diese ansehnliche Lust glücklich geendigt, wurden die hohen Anwesenden darauf in der Kurf. Residenz mit einer welschen Komödie belustiget, worauf sich alles zur Tafel und folgends zur Küche begeben [...]

8. Febr. begaben sich sämtliche Majestäten gegen Abend zu den englischen Fräulein bei U. L. F. Gruft, woselbst eine artige Komödie durch lauter Jungfrauen präsentiert wurde. 9. Febr. erhoben sich alle hohen Anwesenden in den Hofgarten, von da auf den Hirsch-Anger ins Feld, und wurde darauf in dem Kurf. Lusthaus Schleißheim gespeist. 10. Febr. wurde meistens zur geistlichen Verrichtung angewendet. 11. Febr. ist in seriösen Geschäften zugebracht worden. 12. Febr. wurde von I. K. M. Konferenz gehalten und gegen Abend von sämtlichen hohen Gästen die Residenz eigentlich besichtigt, welche sich ob dero Kostbarkeit höchlich verwunderten.« Endlich erfolgte am 13. Februar der Aufbruch nach Wien.

Max Emanuels Jahr war regelmäßig zwischen Kriegslärm und Freudenlärm geteilt. Die Sommer brachte er auf der Türkenkampagne in Ungarn zu, die Winter riefen ihn teils nach Venedig, teils nach München. Der französische Gesandte hier, der berühmte Marschall Marquis de Villars, war mit dem Kurfürsten der Hoffestordner: »Den ganzen Winter über hatten Amoretten, Karussells, Opern, Komödien und Schlittenfahrten kein Aufhören«, schreibt er.

Schon im Jahre 1688 war ein neuer Krieg zwischen Österreich und Frankreich ausgebrochen. 1685 war die pfälzische Kurlinie mit dem Hause Simmern ausgestorben, Ludwig XIV. erhob Ansprüche auf die Pfalz im Namen der Schwester des letzten Kurfürsten Carl, der durch ihre Briefe berühmten Charlotte Elisabeth, die mit dem Herzog von Orléans vermählt war. 1688 starb Max Emanuels Oheim, der Kurfürst Max Heinrich von Köln; Max Emanuels Bruder Joseph Clemens ward gewählt. Gegen ihn wollte Ludwig XIV. die Wahl Wilhelm Egons Graf von Fürstenberg, des zeitherigen Koadjutors des Erzstiftes, durchsetzen. Den Tag nach seiner Rückkunft aus Ungarn nach München, 4. Januar 1689, befahl Max Emanuel seinem zeitherigen guten Freunde, dem Marquis von Villars, binnen 24 Stunden die Hauptstadt und das Land zu verlassen. Villars drang augenblicklich zum Kurfürsten in sein Kabinett, der ihm erst die Audienz weigern wollte, um ihm Vorwürfe zu machen. »Der Kurfürst«, sagte Villars, »antwortete gar nichts, sondern verließ das Kabinett, stieg auf einen Wagen und fuhr vom Bock, eine Partie Hofkavaliere hinter sich, durch die Straßen.« Villars verließ darauf München. Max Emanuel begab sich an den Rhein zum französischen Feldzug, dann auch nach Italien, um dem mit dem Kaiser verbündeten Herzog von Savoyen beizustehen.

Max Emanuel befand sich eben nach seiner gewöhnlichen Lebensweise wieder im Dezember 1691 zu Venedig, als Eilboten aus Madrid an ihn kamen, um ihm von seiten des letzten habsburgischen Königs von Spanien, Carls II., die Statthalterschaft der spanischen Niederlande mit unbeschränkter Vollmacht und einem Jahresgehalt von 900 000 Talern anzutragen. Er eilte sofort über die beschneiten Alpen nach München zurück und bestellte hier in Eile die Landesverwaltung. Darauf hielt er in den letzten Tagen des März 1692 unter dem Donner der Kanonen und dem Geläut aller Glocken seinen feierlichen Einzug in Brüssel. Er trat hier mit höchster Pracht auf, ließ goldene und silberne Münzen unter das Volks auswerfen, die 30 000 Gulden, die der Stadtrat ihm im vergoldeten Prunkwagen zum Willkommen verehrte, schenkte er den Soldaten der Besatzung. Dieselbe Pracht fuhr er fort, in seinem Hofleben zu entfalten, und belohnte königlich freigebig die Maler des Landes, die Schauspieler, die Sänger. Er fuhr fort, den französischen Feldzügen beizuwohnen, bis der Frieden mit Frankreich zu Rijswijk 1697 abgeschlossen ward. Kam er aus den Lagern in seinen Palast zu Brüssel zurück, so überließ er sich dem Vergnügen.

Max Emanuel war ein schöner Mann von gefälligem Wuchs, seine Züge waren männlich, doch fein, einschmeichelnd sein Auge, stattlich Haltung und Manieren. Sein Anzug war immer mit Sorgfalt gewählt. Er trug eine mächtige Perücke, die vom Scheitel über Achseln, Brust und Rücken in schön gekräuselten Locken herniederwallte, Rock und Weste waren reich gestickt, die Schöße reichten bis zum Knie, die Halsbinde war mit langen Enden von zarten Brüsseler Spitzen geziert, dazu kamen ein leichter dreieckiger Hut und ein leichter Schmuckdegen an der Seite. Mutig, schön und freigebig, gewann er die Herzen der Männer und der Frauen. Ungeheuere Summen verschlangen die Liebeshändel mit den Sängerinnen in Brüssel. Eine derselben, schon ihm ungetreu, während er sie noch unterhielt, führte eine Art Tagebuch über seine Liebesabenteuer und plauderte sie lachend aus. Die Memoiren des Marquis von Sassenage, eines Schwiegersohnes des Marschalls Tallard, enthalten davon die glaubhaften Belege, so romanhaft sie sonst sind. Max Emanuel liebte leidenschaftlich das Spiel, ein junger Soldat Dussarsan gewann ihm an einem Abend drei Hüte voll Gold ab und ward in Zeit eines Winters durch sein Glück in der Karte ein reicher Mann.

Zu diesen immerwährenden Vergnügungen Max Emanuels in Brüssel mußten ihm die Bürger und Bauern aus Bayern aufs Doppelte erhöhte Steuern schicken. Sie zahlten, aber sie meinten: »Der Kurfürst brockt den Niederländern sein Bayern ein.« Es ward Sprichwort im bayerischen Volke: »In Brüssel geht's zu wie im ewigen Leben.« Dennoch kam der Kurfürst gar öfters in solche Geldverlegenheit, daß er Schulden über Schulden machen mußte. Betrüger mißbrauchten ihn. So kam der berüchtigte Conte Ruggiero zu ihm nach Brüssel, täuschte ihn durch Transmutationen [Verwandlungen] und versprach, ihn zum reichen Manne zu machen. Während er zur Fertigung der Tinktur im großen Anstalten machte, ließ er sich nichts abgehen und soll dem Kurfürsten 60 000 Gulden gekostet haben. Er ernannte den Betrüger, der nachher 1709 in Preußen am Galgen starb, zum kurbayerischen Feldmarschall, Generalfeldzeugmeister, Etatsrat, Obristen über ein Regiment zu Fuß und Kommandanten zu München. Zuletzt entdeckte zwar auch der Kurfürst, daß er von Ruggiero hintergangen worden sei, er ließ ihn aufs Schloß Grünewald in Bayern gefangensetzen, nach sechs Jahren aber gelang es Ruggiero zu entfliehen. Später kam noch ein Graf Taufkirchen und erbot sich, so viel Gold zu machen, daß Bayern dafür zu klein sei. Aber auch er war nur ein kostbarer Prahler. Zuletzt kam der Kurfürst durch seine großen Geldverschwendungen in solche Not, daß er den Kaufleuten in Amsterdam seine Juwelen und die kurfürstlichen Kleinodien verpfänden mußte. Er war nach und nach den Holländern 1 125 000 Gulden und mehrere verfallene Zinsen schuldig geworden, im Jahre 1715 drohten ihm die Generalstaaten als Bürgen für diese

Schulden, nachdem sie wiederholt an die Zahlung gemahnt, mit dem Verkauf seiner Juwelen. Erst im Jahre 1721 bewilligte ihm der bayerische Ständeausschuß zu Einlösung der versetzten Kleinodien und Tilgung der übrigen vielen Schulden acht Millionen. Dennoch hinterließ Max nach seinem Tode noch die jener Zeit sich ungeheuer darstellende Summe von 30 Millionen Gulden Schulden.

Die Statthalterschaft der Niederlande betrachtete er in geheimer Hoffnung als die Vorstufe zur Erlangung der spanischen Kronen, deren baldiger Anfall nach dem Tode des letzten spanischen Königs vom Haus Habsburg, Carls II., der kinderlos, krank und schwach war, in Aussicht stand. Von seiner Gemahlin Antonia von Österreich, deren Mutter die Tochter Philipps IV. und Schwester Carls II. von Spanien war, hatte er einen zu Wien 1692 geborenen Sohn Joseph Ferdinand, den sein königlicher Großoheim in Spanien durch seinen Großbotschafter aus der Taufe hatte heben lassen. Da die anderen beiden Kronprätendenten, Österreich und Frankreich, die Eifersucht der Seemächte England und Holland in hohem Grade erregten und der spanische König selbst allen Partagetraktaten [Teilungsverträgen] entschieden abgeneigt war, so schien in der Tat für Max Emanuels Ehrgeiz die geheime Hoffnung auch eine gerechte Hoffnung werden zu können.

Acht Monate war er in Brüssel, als seine Gemahlin Antonia, die seit längerer Zeit in der Burg ihres kaiserlichen Vaters getrennt von ihm zu Wien gelebt hatte, Ende 1692 starb. Zwei Jahre darauf schritt der Kurfürst zu einer neuen Vermählung. Die neue Kurfürstin war Therese Kunigunde, königliche Prinzessin von Polen, die Tochter des berühmten Johann Sobiesky, mit dem der Kurfürst einst 1683 die Türken von Wien weggeschlagen hatte. Therese war eine sehr schöne, aber bitterböse Polin. Sie hatte die Wunderlichkeit, keiner anderen Frau die Schönheit zugestehen zu wollen, und war besonders deshalb auf ihren galanten Gemahl sehr eifersüchtig. Obwohl sie selbst es an Galanterien nicht fehlen ließ, plagte sie ihren Gemahl unaufhörlich durch Launenhaftigkeit und Starrsinn. In ihrem späteren Alter ward sie höchst bigott.

Sie war 18 Jahre alt, als sie sich 1694 mit dem 32jährigen Kurfürsten Max Emanuel in Warschau durch Prokuration vermählte. Sie reiste dann zu ihm nach Brüssel. Auf der Reise dahin kam sie am 5. Dezember nach Berlin und blieb drei Tage. Der prachtliebende Kurfürst von Brandenburg, der nachmalige erste König von Preußen, Friedrich I., empfing sie mit den ergötzlichsten Divertissementen [Unterhaltungen], Ball, Oper, Bärenhetze, Feuerwerk. »Unter denen Divertissementen, so man der Durchl. Braut zu Bayern angestellet, hatte besonders das am 6. abends angezündete Feuerwerk den Vorzug für [vor] allen. Erstlich brannte in einem blauen Feuer der Tempel der Liebe, in dessen Mitte sich die Göttin Venus präsentieret, und war der Cupido, zuoberst mit von sich schießenden Pfeilen fliehend, sehr rar zu sehen; zu den beiden Seiten stunden zwei Grazien, so die Tugenden der Kurf. Bayr. Gemahlin vorgestellet«, berichten die »Frankfurter Relationen«. Aber die Prinzessin war sehr ungraziös. Der Kurfürst ließ am anderen Tage ihr zu Ehren eine große Oper aufführen. Auf die an sie ergangene Anfrage, um welche Stunde man anfangen solle, bestimmte sie zehn Uhr, allein man wartete bis Mitternacht vergebens auf sie. Sie ließ sich endlich durch einen Hofkavalier entschuldigen, daß ihr nicht wohl sei, man erfuhr aber, daß sie die ganze Nacht mit den polnischen Damen und Herren ihres Gefolges an der Tafel zugebracht hatte. Wahrscheinlich erschien sie nicht, um nicht ihre Schönheit mit der der schönen Kurfürstin Charlotte – der nachherigen philosophischen Königin – in Vergleich bringen zu lassen. Diese seltsame Laune, nicht öffentlich erscheinen zu wollen und sich deshalb immer krank zu stellen, behielt sie auch bei, als sie am 2. Januar 1695 zu Wesel abends acht Uhr durch den mitgebrachten Bischof von Plock in Person mit dem Kurfürsten vermählt und mit ihm in Brüssel angelangt war. Sie verbat sich gleich bei der Ankunft alle Empfangsfeierlichkeiten.

Schon mit dem Beginn ihrer Ehe erklärte die seltsame polnische Dame dem Kurfürsten, daß sie zu ihm keine Neigung fühle. Im Jahre 1696 bereits schüttete der Kurfürst seine bitteren Klagen gegen ihre französische Mutter aus, die Königin von Polen. Er schrieb ihr, wie Lang in seinen Memoiren berichtet, ihre Tochter habe keine Applikation [Brauchbarkeit], wolle nichts als Romane lesen, mit jungen Leuten ihres Alters umgehen, nur immer Maskenbälle, aber keine Kirche besuchen. Sie werde schon grollend, wenn sie nur von fern eine Hofdame erblicke, nehme auf ihre Spazierfahrten nur ihre Kammerfrau mit, lasse sich an keiner öffentlichen Tafel sehen. Sie begegne dem Adel verächtlich. Sie bete nicht, sie beichte nicht, sie rede nicht mit ihm, weil sie ihn für untreu halte (ob er gleich schwören könne, daß er seit der Vermählung mit seiner vorigen Mätresse nichts mehr zu tun gehabt, sie an den Grafen von Arco verheiratet und mit ihrem Kinde nach Holland geschickt habe). Sie drohe ihm immerwährend mit dem Heimgehen.

Als der Kurfürst endlich 1696 die Freudenbotschaft bringen konnte, daß sich seine Gemahlin in gesegneten Umständen befinde, schüttete er neue Klagen aus, daß sie niemand um sich dulde als ihre polnischen Leute – den Sekretär Swaikocki, die Gelgikowa, die Kalmückin, und den vermaledeiten Leibjuden, ihren Konditor – aus Plock. Gott gebe nur, daß das Kind nicht der Kalmückin oder dem verfluchten Juden gleichsehe! Während der Schwangerschaft erschallten dieselben Klagen immerfort, sie soupiere frühmorgens, fange jetzt an zu spielen, sie führe ein Hofleben, wie man es im Hause Bayern seit 300 Jahren nicht gesehen, ohne Kammerherren, ohne Pagen, es sei eine Strafe Gottes. Sie verwerfe alle Ammen, die hübsch aussähen. Er habe verlangt, man solle das Kind – die Prinzessin Mariane Caroline, die als Nonne 1750 in München starb – mit Reliquien und dem Agnus Dei behängen, die gottlose Frau sorge aber wenig dafür.

Der Kurfürst ließ nun die Gräfin Arco zurückkommen, aber die Kurfürstin forderte alsbald wieder ihre Abschaffung als einer »alten Hexe, die Liebeszauber« treibe. Der Kurfürst weigerte sich dessen und erklärte in einer schriftlichen Antwort, wenn er überall seine Mätressen relegieren müsse, die er vor der Ehe gehabt, so müßte er, um nicht überall eine zu finden, nach Indien gehen. Die Frau Gemahlin solle unbesorgt sein. Auf alte Mätressen komme man nicht zurück. Das Evangelium der Liebe sei Neuheit.

Einmal wurde der Kurfürst im Ernst böse und schrieb, wenn sie sich wieder unterstehe, mit der Kammerfrau nachts im Park herumzufahren, so werde er die Begleitung mit dem lieben jüdischen Konditor auf der Stelle zum Teufel jagen. Von nun an solle sie nicht anders promenieren als mit zwei Hofdamen im Wagen, hinten mit zwei aufstehenden Lakaien und dann einer zweiten nachfolgenden Karosse. So sei es bayerische Hofsitte, aber nicht wie sie nachts maskiert herumzureiten. Den folgenden Tag fügte er dieser Drohung noch eine zweite bei, wenn sie wieder im Parke spazierenfahre, so sollten vorher alle anderen Leute herausgetrieben werden. Der Kurfürst hatte den Entschluß gefaßt, sich der Frau Gemahlin als Herren zu zeigen, vorher habe sie ihn nur als »Liebhaber und Sklaven« gekannt. Darauf verweigerte die Kurfürstin ihrem Herren die Ehre des Bettes und ließ ihm die Ehescheidung proponieren [vorschlagen]. Der Kurfürst gab ihr in seiner Antwort 24 Stunden Bedenkzeit – außerdem könne etwas erfolgen, was sie nicht ahne. Sie werde aber wohl tun, hierbei ihren Beichtvater – den Jesuitenpater Schmacke – nicht zu hören.

Der gedrohte, nicht geahnte Erfolg dieser ganzen Unterhandlung war endlich, daß der Kurfürst auf das Zimmer der Kurfürstin kommen und Abbitte tun mußte. Alles wurde nun der Verhetzung der Hofdame La Croy, einer äußerst einfältigen, aber boshaften Frau, Schuld gegeben. Die Abbitte trug aber dennoch keine Früchte der Versöhnung. Vielmehr beschwerte sich jetzt der Kurfürst über das böse Herz seiner Gemahlin. Er klagte sie an, sie gönne keinem Menschen etwas Gutes, ja nicht einmal ein schönes Wort, noch nie habe sie ein Almosen gegeben, liebe nur sich selbst, hasse alle, die schöner sein wollten als sie und esse Kampfer. Die Kurfürstin, um der zeremoniösen Spazierfahrt auszuweichen, verkleidete sich nun als Kammerfrau und nahm als solche Abendbesuche vom Balkon an. Mit der steifen Oberhofmeisterin wurde aller Schabernack getrieben, dagegen stieg eine Frau von Valsassina zu großer Gunst.

Gegen die Vorwürfe seiner Schwiegermutter verteidigte der Kurfürst seine eigene Untreue mit folgenden Gründen: Es hätten seine Liebschaften den Grund nicht in seinem Herzen, sondern in der Politik. Wenn Gott ihn fallenlasse, so geschehe es immer fein säuberlich nur unter der Hand. Diese seine Infidelités [Untreue] lasse er sich nicht verwehren, weder von Gott noch von den Menschen. Er weigerte sich auch fortwährend, die Gräfin Arco zu entfernen. Nun drohte die Kurfürstin neuerdings mit der Scheidung und Abreise nach Holland. Als Therese Kunigunde später – 1701 während des Spanischen Erbfolgekrieges – nach München kam, empfing sie dort ein allgemeiner Haß. Sie wollte auch hier, wie in Brüssel, nur polnische Gesellschaft um sich haben, die

Kinder sollten nicht einmal Deutsch lernen. Sie selbst hatte unterdessen das Gitarrespielen gelernt. Endlich konnte es auch ihre polnische Dienerschaft nicht mehr bei ihr aushalten und lief davon.

Nachdem in Rijswijk 1697 der Frieden zwischen dem Kaiser und Frankreich wiederhergestellt worden war, war die Ordnung der spanischen Erbfolge die große Angelegenheit, welche alle Kabinette in Europa in Bewegung setzte. 1698 schon schloß man im Haag den ersten Partagetraktat ab, worin Max Emanuels Kurprinz wirklich als Präsumtiverbe [vermutlicher Erbe] Spaniens, der Niederlande und Indiens anerkannt wurde, der Sohn Kaiser Leopolds, Erzherzog Carl, sollte allein die Lombardei, der Dauphin Neapel und Sizilien und das kleine, aber wichtige spanische Grenzland Guipuzcoa erhalten. Aber Carl II. von Spanien war bitter gekränkt durch diese eigenmächtige Partage der spanischen Monarchie. Neben der österreichischen und französischen Partei am Madrider Hofe bildete sich jetzt eine dritte, an deren Spitze eine Fürstin von Wittelsbach, die Königin Maria Anna von Pfalz-Neuburg, die Schwester der Gemahlin Kaiser Leopolds, und der einflußreiche, schlaue Kardinal Portocarero standen. Sie vermochten den kränklichen, schwachen König zu veranlassen, ein Testament zu errichten, in welchem der bayerische Kurprinz Joseph Ferdinand als Universalerbe der gesamten spanischen Reiche eingesetzt wurde.

Joseph Ferdinand, ein Kind von sechs Jahren, war bisher in München erzogen worden, wohin er nach dem Tode der Mutter in Wien gebracht worden war. Es ward ihm jetzt schon der Titel »Prinz von Asturien« gegeben. Man holte ihn von München nach Brüssel, er sollte sich sofort nach Madrid begeben. 24 holländische Kriegsschiffe lagen zu seiner Abholung segelfertig vor Amsterdam, als er plötzlich erkrankte und nach sieben Tagen, noch nicht sieben Jahre alt, am 6. Februar 1699 zu Brüssel starb – wie man sagte, an den Pocken. 40 Tage nach ihm starb Graf Tattenbach, sein Oberhofmeister.

Dieser plötzliche Todesfall des Prinzen von Asturien erregte durch die allerdings unermeßlich wichtige Konstellation, unter welcher er erfolgte, durch ganz Europa ungemeines Aufsehen, und nicht nur im Volke, sondern selbst in öffentlichen Schriften wurden die bittersten Vermutungen einer Vergiftung ausgesprochen. Die Leichname wurden nicht untersucht. Auf Österreich, als dieser Praktiken gewohnt, ward wohl nicht zu Unrecht der gräßliche Verdacht geschoben. Laut klagte Max Emanuel über Österreich, und Österreich schwieg. St. Simon schreibt: »Niemand zweifelte, daß es geschehen sei durch Einwirkung des Wiener Kabinetts.« Und die alte, ehrliche Herzogin von Orléans schrieb unterm 6. Dezember 1721, ein Jahr vor ihrem Tode: »Im kaiserlichen Rat ist man gar nicht skrupulös auf solche Sachen, ohne der Kaiser Wissen schicken sie die Leute in jene Welt.« Aber Österreich ließ durch Lamberty den Verdacht auf den französischen Hof zurückwälzen. Die Allianz Max Emanuels widerlegte nur zu gut diese Wälzung. Ermitteln hat sich die Wahrheit mit Bestimmtheit natürlich nicht lassen. Ob die Jesuiten im Hintergrund gestanden, läßt sich ebensowenig ermitteln. Tatsache aber ist, daß die Empfehlung des bayerischen Kurprinzen nicht durch die Jesuiten, sondern durch zwei Dominikaner, Diaz und Moretta, erfolgte, die es dem König von Spanien zur Gewissenssache machten, das Näherrecht desselben zu ehren, für welchen auch ein Gutachten des bolognesischen Rechtsgelehrten Leonardo Pepoli gesprochen hatte.

Von dieser Zeit an neigte Max Emanuel sein Ohr entschieden dem französischen Einfluß. Vorgearbeitet dazu war schon lange. Nach Sassenage zahlte Ludwig XIV. ihm schon während der Verhandlungen über die spanische Erbfolge Millionen. Frankreich hatte schon seit lange her auch durch die Mätressen des Kurfürsten ihn zu umgarnen gesucht. Die Memoiren über die Feldzüge Ludwigs von Baden berichten, daß der Kurfürst kurz nach seiner Heirat mit der Kaisertochter 1685 in Wien zuerst eine starke Leidenschaft zu der Gräfin Kaunitz – einer geborenen Gräfin Sternberg, der Gemahlin des späteren Reichsvizekanzlers Dominic Andreas, der Großmutter des berühmten Fürsten Kaunitz – gefaßt habe. Durch diese geistreiche Dame, für die er alles, was sie wünschte, getan habe, sei er im österreichischen Interesse geleitet worden. Damals schon aber hatte ihn der Marschall Villars, auf einer Mission nach Wien begriffen, wie er selbst in seinen Memoiren erzählt, den französischen Interessen geneigt zu machen gewußt, indem er ihn von der Gräfin abzuziehen suchte. Villars hatte ihm nach München eine sehr schöne Hofdame der Kaiserin, die Gräfin Wehlen, nachgeführt, die im tiefsten Geheimnis im kurfürstlichen Schlosse untergebracht worden war. Da sie jedoch zu wenig Geist hatte, um lange zu fesseln, so substituierte ihr Villars zuerst eine vollendete italienische Kurtisane, die Venezianerin Canossa, und endlich das Fräulein von Sinzendorf. Diese Sinzendorf, obgleich nur von mittelmäßigem Geist und Schönheit, behauptete sich in der Gunst des Kurfürsten, weil sie ihn auf einer Linie zu erhalten wußte, die seine Leidenschaft in Atem hielt. Durch sie erfuhr Villars alles, was den Kurfürsten betraf. Man sandte zwar von Wien den Grafen Dominic Andreas Kaunitz als Gesandten nach München, aber Villars wußte schon nach 14 Tagen seiner Mission ein Ende zu machen. Dann sandte man von Wien die Gräfin Paar, die größte Intrigantin der Hauptstadt, sie kannte die Intrige mit der Gräfin Wehlen. Villars wußte auch diese Damen zu beseitigen, der Kurfürst gab der Paar, der Wehlen und einem in Schnelligkeit für diese geschafften Gemahle 100 000 Taler.

Von da an hielt Frankreich durch die Mätressen den Kurfürsten in den Fesseln seiner Politik. Auch als der Krieg mit Österreich 1688 wegen der Kölner Bischofswahl ausbrach, benutzte man diese Kanäle auf mannigfaltige Weise. In Brüssel war der Kurfürst in den Ketten einer Brüsseler Tänzerin, die sich auch zugleich von Ludwig XIV. bezahlen ließ und ihm alle Geheimnisse verriet, die der Kurfürst leichtsinnig ausschwatzte. Unter diesen Umständen erschien am Hofe zu Brüssel der französische Gesandte Herr von Puisegur; darauf sandte Max Emanuel den Marquis von Bedemar nach Versailles, und in den ersten Tagen des Jahres 1701, wenige Tage nach der Abreise des von dem sterbenden König von Spanien zuletzt noch als Erben eingesetzten Herzogs Philipp von Anjou nach Spanien, reiste der Kurfürst selbst von Brüssel unter fremdem Namen in einfachen Jagdkleidern nach Versailles. Ebenso ganz im geheimen kehrte er zurück, und erst die Folgen dieser Reise zeigten, was ihre Zwecke gewesen waren.

In ein- und derselben Stunde der Nacht des 7. Februar 1701 erschienen vor allen festen Plätzen der spanischen Niederlande französische Truppen, und ohne Widerstand wurden ihnen die Tore geöffnet. Überall wurde Philipp V., König von Spanien, als Herr ausgerufen. Darauf übergab Max Emanuel die Regierung der Niederlande an den Marquis

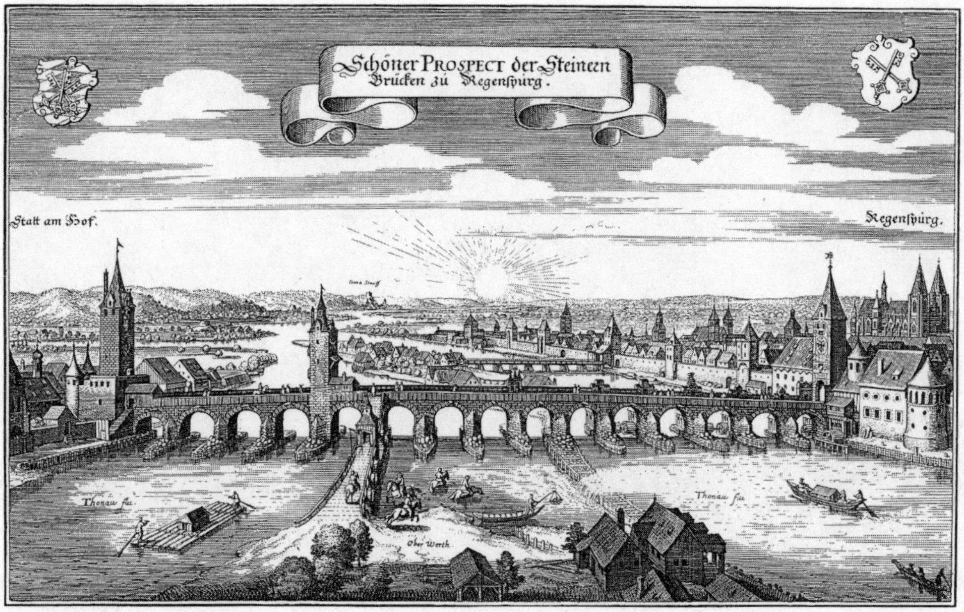

21. REGENSBURG

von Bedemar und reiste von Brüssel nach München. Er ging über Bonn, wo er sich noch mit seinem Bruder Kurfürst Clemens Joseph von Köln zu verständigen hatte. Seine Gemahlin, die Kinder, der ganze Hof, auch die geliebte Tänzerin, folgten ihm nach. Noch war nicht alles entschieden.

Es erfolgte ein Schriftenwechsel zwischen dem Wiener und Madrider Hofe. Max Emanuel nahm den vom Kaiser aus Regensburg ausgewiesenen spanischen Gesandten de Neuveforge, der Philipp V. daselbst hatte vertreten sollen, am Münchner Hofe auf. Im Herbst 1701 hielt er ein Lustlager bei München, bei dessen Beendigung ein 14 000 Gulden kostendes Feuerwerk abgebrannt wurde. Gegen den Herbst 1702 versammelte er wieder unter dem Befehl des Feldmarschalls Johann Baptista von Arco 20 000 Mann auf dem Lechfeld. Endlich aber, am 8. September, erfolgte der offene Bruch mit dem Kaiser durch die berühmte Überrumpelung der Reichsstadt Ulm. Nun konnte freilich Kaiser Leopold, der Großvater des in Brüssel hingeopferten spanischen Thronerben, nicht mehr zweifelnd sein, daß sein erbitterter Schwiegersohn sein Feind geworden sei. Noch einmal mahnte er als Kaiser ab, dann, am 19. November 1702, ergingen die kaiserlichen Mandate nach Bayern, die die Untertanen des Kurfürsten von Eid und Pflicht entbanden und Gehorsam und Abgaben zu leisten untersagten. Gleiche Mandate ergingen auch ins Erzstift Köln.

Aus der von Leonard Ennen in der Biographie des Bruders des Kurfürsten, Joseph Clemens von Köln, mitgeteilten Korrespondenz haben wir einen Einblick erhalten, wie ungefähr Max Emanuel den Bund mit Frankreich gegen den Kaiser ansah. »Es verdroß ihn«, schreibt jener, »das spöttische Verfahren der Regensburger Schulfüchse, welche sich nicht gescheuet, ihn einen Friedensbrecher zu nennen und ein Reichsgutachten in den schokantesten Terminis von der Welt an den Kaiser zu richten.« Er fand es »outrageant [beleidigend] und skandalös«, daß die Schulfüchse mit einem vornehmen Kurfürsten ähnlich umgehen wollten wie mit ihren Schreibern, und hoffte demgemäß, daß ihnen wacker auf die Finger geklopft werde.

1703, in den ersten Tagen des März, brachen 30 000 kaiserliche Truppen in Bayern ein, um womöglich den Kurfürsten zu erdrücken, bevor ihm Frankreich Hilfe zugeschickt habe. Die bayerische Hauptmacht stand im Lager von Braunau, dabei war der Kurfürst. Seine Gemahlin und der Hof retteten sich von München nach Ingolstadt. Max Emanuel sandte Kuriere über Kuriere an Ludwig XIV., ihm schleunige Hilfe zu schicken. Der König hatte auch an seinen Marschall Villars die gemessensten Befehle dazu gegeben. Aber Villars befand sich in Straßburg in den Armen einer schönen Dame aus der Normandie, Madame Varangeville, die er Ende vorigen Jahres geheiratet hatte. Er zögerte und zögerte und konnte sich nicht trennen. Endlich, am 6. Mai, kam die Hilfe von Frankreich: Marschall Villars vereinigte sich mit Max Emanuel bei Duttlingen, er war 28 000 Mann stark. In höchster Freude rief der Kurfürst dem Marschall, dem er bis Riedlingen entgegenritt, ihn umarmend, zu: »Sie haben mich, die Meinigen, meine Ehre, mein Land gerettet.« Aber das gute Vernehmen sollte bald gestört werden. Im Plane war erst, ohne Verzug auf Prag oder noch lieber Wien loszugehen, endlich ward man einig, daß der Kurfürst einen Zug nach Tirol hinein tun solle, um dem Marschall Vendôme in Italien die Hand zu bieten. Dem Marschall Villars, der durch ungeheuere Brandschatzungen in Schwaben seine Koffer füllte und der nur immer damit umging, sich die Marschallin nachkommen zu lassen, war es lieb, an der Donau stehenbleiben zu können. Er bestärkte Max Emanuel in dem Plane, Tirol zu erobern. Der Kurfürst ward an die Spitze von 16 000 Mann, Bayern und Franzosen, gestellt.

Der Zug nach Tirol im Juni und Juli 1703 glückte erst und mißglückte dann völlig. Zwar eroberte der Kurfürst Kufstein und Innsbruck und zog über den Brenner Vendôme entgegen, aber während er dahin zog, erfuhr er, daß alles hinter ihm im Aufstand begriffen sei. Die Franzosen hatten das anfangs ganz ruhig gebliebene Bergvolk durch Gewalttätigkeiten, Plünderungen, Notzucht und Schändung der Heiligtümer mutwillig aufgestachelt, und die Bayern hatten diesem Mutwillen allzu nachgiebig nachgesehen. Die Strafe dafür war höchst empfindlich: Der Kurfürst konnte nur mit Mühe wieder aus dem Lande kommen, nahe an der Martinswand ward sein Kammerherr Graf Ferdinand von Arco – der Gemahl der oben erwähnten Gräfin Arco, der Geliebten Max Emanuels –, den die Tiroler Schützen wegen seiner reichen, goldgestickten

Kleidung für den Kurfürsten selbst gehalten hatten, dicht an seiner Seite erschossen. Von 16 000 Mann brachte Max Emanuel nur 5000 aus Tirol wieder heraus. Auch Vendôme war durch den Widerstand Tridents aufgehalten worden. Doch nahm der Kurfürst in dieser Kampagne noch Augsburg und Passau, und nun war selbst Wien bedroht.

Im folgenden Jahre 1704 machte aber Marlborough, der mit seinem Heere in einem gewaltigen Zuge von der Mosel nach der Donau rückte, dem Kaiser Luft. Er siegte am Schellenberge bei Donauwörth am 3. Juli entscheidend, der Kurfürst floh mit genauer Not nach Straßburg und knüpfte Unterhandlungen mit dem Kaiser an. Aber die Grafen Arco und Monasterole hintertrieben sie, der Marschall Marsin schrieb selbst an Ludwig XIV.: »Die beiden Grafen sind nicht im Lande begütert, und die große Pension, die E. Majestät ihnen seit dem 1. Mai zu bewilligen geruhten, verbürgt ihre Anhänglichkeit an die königliche Sache.« Arco erhielt 18 000 Livres. Am 13. August überlieferte der große Sieg Eugens und Marlboroughs bei Höchstädt oder Blenheim über den an Villars Statt eingerückten Marschall Tallard ganz Bayern. Es war dies eine der blutigsten Schlachten, 20 000 Tote und Verwundete bedeckten das Schlachtfeld. Die Grundlage der heutigen Straße von Höchstädt nach Blenheim bilden lauter Gebeine der Erschlagenen und ihrer Pferde. 25 000 Mann, darunter 15 000 Franzosen, die keinen Schuß getan hatten, wurden gefangen, auch Marschall Tallard. Eugen selbst gab der Tapferkeit der Bayern das schönste Zeugnis, und Marlborough gestand, daß er nie mehr gebetet habe als an diesem Tage.

Bayern wurde nun von Österreich förmlich in Besitz genommen. Als Statthalter kam der später 1711 zum Fürsten erhobene Graf Max Carl von Löwenstein-Rochefort nach München. Alle Hofbedienten wurden kassiert, Löwenstein schloß Schloß und Residenz, verkaufte die Pferde aus den Ställen und Gestüten. Die Rache der Kaiser kannte keine Grenzen. Sie traf die armen Untertanen, die die Politik ihres Landesherren verbüßen mußten. Schon Kaiser Leopold I. hatte an seinen Oberfeldherrn Markgraf Louis von Baden unterm 4. Oktober 1703 geschrieben: »Ich bin billig des Dafürhaltens, daß wenn die Contributiones an Geld, Vieh und Naturalia mit aller Schärfe eingetrieben, mithin das Land soviel als immer möglich gezwackt und ausgesaugt würde, könnte man zu Behuf der künftigen Subsistenz [Auskommens] und Meines aerarii [Staatsschatzes] einen großen Vorteil verschaffen.«

Das Patent Kaiser Josephs I. vom 26. Dezember 1705 lautete echt spanisch, wie einst Philipps II. Patent in den aufgestandenen Niederlanden: Es seien alle Bayern der beleidigten Majestät der Allerhöchsten Person Josephs I. als des ihnen von Gott dem Allmächtigen vorgesetzten alleinigen, rechtmäßigen Landesherren schuldig und daher ohne weiteres mit dem Strange vom Leben zum Tode zu richten. Nur aus allerhöchster Clemenz [Gnade] und landesväterlicher Mildigkeit werde verordnet, daß allezeit 15 zu 15 ums Leben spielen und jener, auf den das wenigste Los fällt, im Angesicht der anderen aufgehängt werden soll. Dagegen aber müsse, von diesem Los abgesehen, aus jedem Gerichtsbezirke ein Bösewicht hergenommen und ohne Los hingerichtet werden. Wenn sonach jeder 15. Mann hingerichtet, seien die Übriggebliebenen, denen aus angeborener, allerhöchster Milde das Leben geschenkt worden, in die Festung Ingolstadt zu liefern, die Tauglichen als gemeine Soldaten unterzustecken, die Untauglichen gleich anderen Verbrechern zu öffentlichen Arbeiten anzuhalten. Von den Bürgern sei nicht der 15., sondern der zehnte Mann oder, wenn deren nicht genug, der fünfte Mann aufzuhängen, die tauglichen Bürger unters Militär zu stecken, die übrigen gegen geschworene Urfehede [eidlichen Verzicht auf Rache] Bayerns und der Oberpfalz auf ewig zu verweisen und ihre Habe zum Fiskus einzuziehen. Alle bekannten Rädelsführer, alle abgedankten bayerischen oder desertierten Soldaten sollten nicht unters Los gezogen, sondern gegen alle solle standrechtlich mit dem Strange verfahren werden.

Dies Patent des allerdurchlauchtigsten, großmächtigsten römischen Kaisers traf nur die Bürger und Bauern – der gesamte Adel, mit Ausnahme eines Paumgarten und eines Leyden und kaum noch fünf anderer Herren, hatte sich mit der Geistlichkeit als Wohldiener, Kundschafter und Werkzeuge um den österreichischen Statthalter gedrängt. Nur das Landvolk in Bayern hatte sich unter dem Studenten Plinganser und dem französischen Hauptmann Gauthier mit der Losung empört: »Lieber bayerisch sterben als kaiserlich verderben!« Man wollte München überrumpeln, die kurfürstlichen Kinder und das Land freimachen. In der Mordnacht von Sendling zu Weihnachten 1705 kamen 1500 dieser treuen Bauern um, Tausende später. Vierfache Steuer wurde dem Lande auferlegt. Alles mußte Österreich huldigen und schwören.

Zehn Jahre lang dauerte die österreichische Herrschaft. Fürstentümer und Grafschaften wurden wie in Württemberg zur Zeit des Dreißigjährigen Krieges an österreichische Herren und Günstlinge verschenkt, die Landgrafschaft Leuchtenberg an den Fürsten von Lamberg und weitere Herrschaften an die Löwenstein, Sinzendorf, Schönborn, Starhemberg, Seilern, Mollart und andere. Dem Grafen Mollart ward nachgesagt, er habe in wenigen Monaten eineinhalb Millionen in die Bank von Venedig vom bayerischen Raube eingelegt.

Kurfürst Max Emanuel war wieder nach Brüssel geflohen, seine Gemahlin hatte einen Versuch gemacht, ihm von München aus zu folgen, sie fand aber den Weg von feindlichen Truppen verlegt, kam nur bis Memmingen und reiste nach München zurück. Von hier schickte sie ihren Beichtvater, den Jesuitenpater Schmacke, in Marlboroughs Hauptquartier. Dieser bot ihr München als ungestörten Aufenthalt an. Sie ging aber im Februar 1705 nach Venedig, wo sie mit Pater Schmacke und ihrer von Rom kommenden Mutter ihren Wohnsitz aufschlug. In ihrem Gefolge befanden sich außer dem sehr nahestehenden Beichtvater Schmacke ihre Oberhofmeisterin Marquise von Tressignie, die aus Brüssel kam, noch eine Ehrendame, drei Kammerfrauen, General Lützelburg, ihr Hatschierhauptmann [Hauptmann der Leibgarde], und der Obrist Baron Wetzel, der sie als kaiserlicher Kommissär begleitete. Ihre Kinder – das letzte neunte, den achten Knaben, hatte sie Max Emanuel 1704 geboren – überließ die Kurfürstin der Gnade des Kaisers. Die fünf lebenden Söhne wurden nach Klagenfurt in Kärnten, später, seitdem Carl VI. Kaiser geworden war, nach Grätz in der Steiermark gebracht. Sie wurden zu Grafen von Wittelsbach degradiert. Die einzige Prinzessin sperrte man in ein Kloster in München. Niemand durfte ohne Vorwissen der österreichischen Behörden in die Nähe der bayerischen Prinzen kommen, der Name ihrer Eltern nie vor ihnen ausgesprochen werden, jedes Gespräch, das die Prinzen von selbst auf Vater und Mutter brachte, mußte laut Befehl von den anwesenden Aufsehern unterbrochen werden. Ihr Gouverneur war Graf Thürheim, dem der Kaiser

1711 die Oberhofmeisterstelle in Bayern, das in seinem Besitze war, verlieh. Fräulein-Hofmeisterin war eine Baronin von Weichs. Zwei Knaben starben, einer 1705, der jüngste 1709. Beinahe ein Jahr lang erfuhr der Kurfürst nichts Bestimmtes über seine Kinder. Erst im März 1707 fand die Kurfürstin an dem Grafen Bertonelli einen treuen Kundschafter, der sich in Klagenfurt an Ort und Stelle überzeugte, daß die Kinder noch existierten.

Max Emanuel und sein Bruder von Köln wurden am 10. Mai 1706 in Regensburg durch die Reichsversammlung und in Wien und München durch kaiserliche Herolde feierlich in die Acht erklärt. Die Nachricht hiervon, die von der Wegführung seiner Söhne und der Verstoßung seiner Tochter in ein Kloster vernahm Max an einem Tage. Beide Brüder lebten in den Niederlanden zu Brüssel. Nach der großen Niederlage der Franzosen bei Ramilles 1706 mußte Max Emanuel nach Mons, von da nach Namur und endlich im November 1709 gar nach Paris fliehen. Seine äußere Gestalt war durch das Unglück verfallen, aber der Leichtsinn erlaubte ihm noch immer die wüstesten Ausschweifungen. Über beides berichtet die Herzogin von Orléans in ihrer kaustischen [scharfen] Weise also: »Marly, 28. Mai 1711: Heute habe ich den Kurfürsten auf der Jagd gesehen und gesprochen. Mein Gott, wie ist der Herr geändert seit den vergangenen Jahren! Sein Kinn ist spitzig, seine Nase auch, der Mund ist eingefallen, so daß Kinn und Nase schier ganz zusammenstoßen, und sieht viel älter aus, als er in der Tat ist. Er hat aber gute Mienen noch und eine artige Taille.« Später: »Der Kurfürst kann mich nicht leiden, ist embarrassiert [verwirrt] mit mir wie ein Kind – um Euch die Wahrheit zu sagen, so habe ich diesen Kurfürsten gar nicht so angenehm gefunden, als man ihn beschrieben, stellt sich hier gar nicht kurfürstlich. – Daß er mich nicht leiden kann, ist kein alter Groll von Haus, sondern nur, sein Cour hier bei Torcy und andern mehr zu machen, die mich hassen, es ist ihm wohl zu verzeihen, er hat der Leute vonnöten hier, müßte ja Hungers sterben. Er kann mich nicht leiden, weil es mich verdrießt, daß man ihn hier nicht traktiert, wie es sein sollte, und weil ich's gut mit ihm meine, so weiß er mir's Undank.«

Weil nach dem Zeremoniell des französischen Hofes der jüngste Prinz von königlichem Geblüte den Vortritt vor den deutschen Kurfürsten

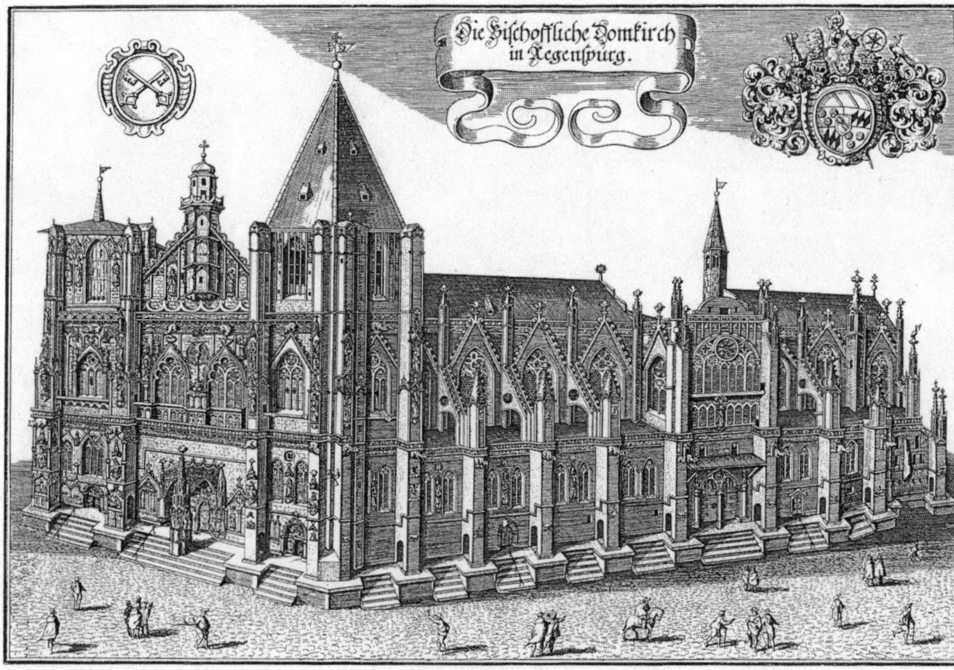

22. Dom in Regensburg

hatte, mußte Max Emanuel sich gefallen lassen, wider seinen Willen nur unter dem Namen eines Grafen in Paris zu leben. Er verließ es mißvergnügt, aber ungern. Vor seiner Abreise ließ ihm Ludwig XIV. durch den Marquis de Torcy noch einen Diamantenschmuck und 25 Beutel, in jedem 100 Louisdor, zustellen. »Dies ist alles«, sagte Torcy achselzuckend, »was der König jetzt für Sie tun kann!« Doch unterhandelte Ludwig mit seinem Enkel, dem spanischen König, noch 1711, ehe Kaiser Joseph I. unerwartet starb, daß an Max Emanuel von der Krone Spanien das Herzogtum Luxemburg und die Grafschaft Namur mit den Festungen Charleroi und Neuport als freiwilliges Geschenk abgetreten werden solle, auf den Fall, daß im Friedensschlusse dereinst Bayern nicht wieder zu erlangen sei.

Jener unerwartete Tod Josephs I. rettete Bayern. Die Vereinigung so vieler Kronen in dem einzig noch übrigen Carl VI. vom Hause Habsburg schien allzu gefährlich. Die Seemächte verließen den Kaiser. Der Rastätter Frieden 1714, wobei bayerischerseits der Baron von Malknecht als Gesandter fungierte, gab dem Kurfürsten die volle Restitution. Frankreich rettete Bayern. Der 15. Friedensartikel setzte fest, daß »der Herr Joseph Clemens, Erzbischof von Köln, und der Herr Maximilian von Bayern universaliter [umfassend] und gänzlich restituiert« werden. Eugen aber ließ Österreich zugunsten in den 18. Artikel noch eine besondere Klausel einschalten: »Seine allerchristlichste Majestät legt kein Hindernis in den Weg, wenn das Haus Bayern nach seiner gänzlichen Wiederherstellung für gut finden sollte, ein oder anderes seiner Länder an andere zu vertauschen oder zu verwechseln.« Es war dies der erste Keim der nachher wiederholt wiederkehrenden Austauschsprojekte Österreichs mit Bayern.

Die in der schon angeführten Biographie des Kurfürsten Joseph Clemens von Köln von Leonard Ennen bekanntgemachte Korrespondenz desselben mit seinem obersten Kanzler Baron Karg gibt näheren Aufschluß, wie und auf welche Weise das Tauschprojekt beabsichtigt war. »Ich habe«, schreibt Joseph Clemens unterm 9. Januar 1714, »heute früh aus einem Schreiben vom 6. dieses von Conte de Perl, so selber an St. Maurice lassen abgehen, ersehen, daß mein Bruder nun im Sinn habe, die obere Pfalz samt dem Land Bayern, so jenseits der Donau und

Inn lieget, dem Erzhaus zu zedieren [abzutreten], um dadurch die spanischen Niederlande zu erhalten, welche (wie Er meldet) weit erträglicher sein werden als dieser Verlust.« Unterm 13. März 1714 ließ sich Joseph Clemens, der entschieden gegen das Tauschprojekt war, über seines Bruders Neigungen so aus: »Mein Bruder und seine Liebe vor [für] Königreiche und ausländische Länder ist ein hellscheinendes obstacle [Hindernis], welches nicht anders zu ändern, außer Gott mache einen neuen Menschen aus ihm [...] Es hat zwar mein Bruder, da selber noch die Royauté [Königswürde] von Sardinien im Kopf hatte, ein Projekt gehabt, mich vor seiner als seinen Vorläufer in Bayern zu schicken, um daß ich anstatt seiner sollte Possess [Besitz] nehmen, weil damals seine Gedanken waren, über Sardinien nach Italien zu segeln, die Kurfürstin zu Livorno wieder zu empfangen und mit selber dann in Bayern als König anzulangen. Ob aber nun dieses nicht von sich selbst fällt, glaube ich selbst, jedoch hatte ich damals in meinem Bruder vermutet, daß selber die odiosa [verhaßten Dinge] gern von sich ablehnen wollen und dahero mich dazu gebrauchen wollen, damit allein ihm die gratiosa [beliebten Dinge] verbleiben täten, denn die österreichischen Gesichter, so in Bayern nun regieren, er nicht zu sehen verlangt.«

Im Januar 1715 übernahm des Kurfürsten Liebling und Vertrauter Maximilian, Graf von Preyssing, von den kaiserlichen Behörden die Landesverwaltung Bayerns zurück. Im März 1715 verließ Max Emanuel sein Schloß St. Cloud in Frankreich, und am 4. April 1715 traf er mit Gemahlin und Kindern im Lustschloß Lichtenberg am Lechfluß zusammen. Therese stiftete darauf 1715 das zu Venedig gelobte Servitianerkloster zu München. Der Kurfürst aber baute 1718 Zellen in Nymphenburg für die Kapuziner, um, wenn der Hof sich im Sommer da aufhielte, den Gottesdienst zu besorgen.

Nach der Rückkehr in sein Land regierte Kurfürst Max Emanuel noch 12 Jahre Bayern im Frieden. Die alten freundschaftlichen Verhältnisse mit dem Kaiser wurden wiederhergestellt, des Kurfürsten eigene Söhne führten bei dem 1716 von neuem begonnenen Türkenkriege 6000 Bayern nach Ungarn, die 1717 unter Eugen den Sieg bei Belgrad mit erfochten. Der Kurprinz Carl Albrecht ward sogar 1722 mit Kaiser Carls VI. Schwester Amalie vermählt.

Das größte Ereignis war, daß endlich der alte, besonders seit dem Dreißigjährigen Kriege bitter angefachte Haß zwischen den beiden wittelsbachischen Häusern Bayern und Pfalz durch die Hausunion von München vom 15. Mai 1724 ausgeglichen wurde. Die beiden Linien hatten es endlich einsehen lernen, wie schnöde sie jahrhundertelang gegeneinandergehetzt worden waren. Sie beschlossen nun, alle Interessen gemeinschaftlich zu verfolgen. Den beiden weltlichen Kurhäusern traten die geistlichen Kurfürsten Clemens August von Bayern, Erzbischof von Köln, und Franz Ludwig von Pfalz-Neuburg, Erzbischof von Trier, bei. Aber auch die Freundschaft mit Frankreich ward fortgesetzt, zur Vermählung Ludwigs XV. mit Maria Leszinsky 1725 besuchten der Kurprinz mit seinen drei Brüdern Ferdinand, Clemens August, Kurfürst von Köln, und Johann Theodor, Bischof von Regensburg, den Versailler Hof.

Max Emanuel brachte auch noch die letzten 12 Jahre, die er nach der Unglückszeit erlebte, wie früher in ewigem Rausch und Taumel des Vergnügens hin. Merkwürdig genug ist, daß dieser Vater des Vaterlands sich in Paris weit besser gefallen hatte als in München. »Ihr betrügt Euch sehr«, schreibt die Herzogin von Orléans aus Paris, 2. Januar 1718, »wenn Ihr meint, daß Kurbayern froh ist, wieder in seinem Land und Ehren zu sein; er regredieret [fällt] alle Tage [in] das Luderleben [zurück], so er hier geführt.« In München haßte ihn das Volk gründlich, und der Kurfürst hatte die äußerste Abneigung gehabt, wieder da zu leben. »Mein Bruder«, schrieb der Kölner Kurfürst Joseph Clemens unterm 14. Januar 1714 an seinen Oberstkanzler Karg, »hat allzugroße Aversion, wieder in Bayern zu wohnen, daher um eine Scheune aus Niederland er eine Stadt in Bayern zedieren würde, um nur außer Landes bleiben zu können.«

Indes trieb er's in München nach der Rückkehr wieder wie vorher. Opern, Komödien, Ballette, Jagdpartien, Karussells, Maskeraden, Schlittenfahrten und andere Prunkfeste wechselten, eingerechnet die galanten Abenteuer, fortwährend. Schon 1718 erschien der alte, fast 60jährige Herr, welcher so schweres Ungemach hatte erdulden müssen, wieder als Ungar auf einem »vermummten Turniere«, sein Kurprinz als Mohr. Er selbst war der große Festordner. Noch eine Menge von seinen eigenhändigen Entwürfen sind vorhanden, worin er alle Verschönerungen anordnete, die auf seinen Lustschlössern vorgenommen werden sollten. Maler, Musiker, Schauspieler, Sänger, Sängerinnen und Tänzerinnen waren immer um ihn herum beschäftigt. Kein regierender Herr besaß damals außer dem König von Frankreich so üppig-schöne Lustschlösser wie der Kurfürst Max Emanuel von Bayern. In Nymphenburg zeugt noch von der wahrhaft königlichen Pracht, wie er sie liebte, der nach dem Versailler angelegte Garten – drei Stunden im Umfang, nach dem einstimmigen Zeugnis der Touristen damals der schönste und prächtigste in ganz Deutschland – mit seinen reichen Wasserwerken, vergoldeten Fontänen, Kaskaden, Vasen, Urnen und Statuen. Eine einzige unter den 19 großen Fontänen, die große Flora-Fontäne, 100 Schuh im Umfang, kostete 60 000 Gulden; die ganze Fontäne, der große und die acht kleinen Steinberge, die in dem Bassin standen, alle Statuen und Tiere auf diesen Bergen waren vergoldet. Besonders zeugen von dem Geschmack, wie ihn Max Emanuel liebte, die noch heutzutage in Nymphenburg vorhandenen Gebäude: die 1716 erbaute Pagodenburg, deren Inneres wie eine indische Pagode mit einer Einrichtung im orientalischen Stile versehen ist, die 1718 erbaute Badenburg, ein mit üppigen erotischen Gemälden und ausgesuchten Luxusgegenständen überreich ausgeschmücktes Badehaus, und dicht daneben die Magdalenenkapelle oder Eremitage, eine »Klause«, jener Buß-Heiligen der katholischen Kirche gewidmet, mit Freskobildern aus dem Leben derselben.

In Nymphenburg war der Park das Prächtigste, in Schleißheim war es der Palast. Max Emanuel hatte ihn schon vor der Unglückszeit in den Jahren 1684 bis 1700, drei Stock hoch, durch den Italiener Zuccali angelegen lassen. Die Einrichtung war königlich und strebte der von Versailles nach. Ein sehr rüstiger Maler, Franz Joachim Beich, 1665 zu Ravensburg geboren, war hier vielfach beschäftigt worden. In dem großen, durch zwei Stock durchgehenden »Victoriensaale« malte er die Türkenschlachten und Belagerungen des Kurfürsten, in dem großen Vorsaale vor diesem Siegessaale, der ebenfalls durch zwei Stock geht, den Entsatz von Wien. Besonders geschätzt sind die Landschaften Beichs in der Manier Poussins und Salvatore Rosas, die er im

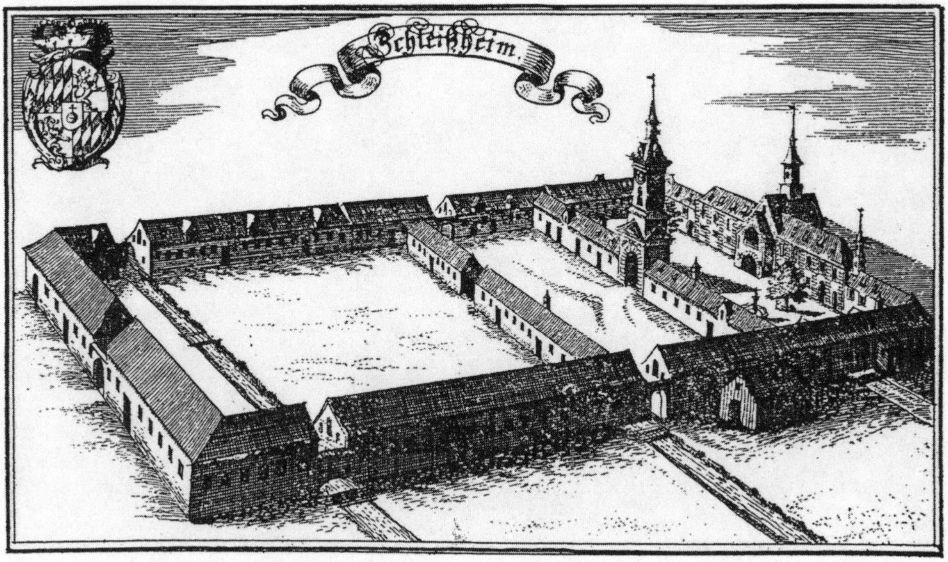

23. Schloss Schleissheim

Speisesaale malte. Der Aufenthalt in den Niederlanden hatte den Sinn für Kunst bei Max Emanuel lebhaft gefördert: Die kostbaren Gemäldesammlungen der Herzöge Albrecht V., Wilhelm V. und des großen Kurfürsten [Maximilian I.] vermehrte er mit einer großen Anzahl Bilder aus der niederländischen Schule. Sie waren verteilt in dem kurfürstlichen Schlosse in München, im Schlosse zu Nymphenburg, und die meisten befanden sich in dem Hauptfreudenort Schleißheim.

Folge des großen Aufwands für die Hofvergnügungen, die Hofbauten, die Kunstsachen waren bedeutende Hofschulden. In einem Bericht vom Jahre 1720, welcher in den von Baron Freyberg in seiner Sammlung historischer Schriften mitgeteilten Memoiren des Kanzlers Unertl enthalten ist, findet sich die jährliche Hofzahlamts-Einnahme auf 1 300 000 Gulden, »auch höher«, angegeben – die Ausgaben aber betrugen gegen 2 120 000 Gulden. Von Hofschulden, die das Hofzahlamt schuldete, finden sich in diesem Berichte 12 656 760 Gulden aufgeführt. Davon rührten aus den Jahren 1620 bis 1680 nur 2 869 314 Gulden, das übrige – teils Schulden, teils Rückstände – stammte aus der Zeit Max Emanuels, der bis 1715 nur allein 5 282 369 Gulden Schuld kontrahiert hatte. Seit seiner Zurückkunft aus Frankreich 1715 bis zum Jahre 1720 hatte er wieder 4 505 078 Gulden neue Schuld gemacht. Darunter finden sich folgende Posten: »Dem Wechsler Ruffini zu 12 Prozent: 1 306 263 Gulden; rückständige Interessen: 226 723 Gulden [...] Dem Jud Oppenheimer nach 12 und drei Prozent: 125 000 Gulden.« Diese Schulden waren auf die Salzämter versichert. »Holländische Interessen: 100 000 Gulden [...] Denen Kauf- und Handwerksleuten an ihren Konten gelieferten Waren und gemachter Arbeit von 1701 bis 1705, dann 1715 und 1716: über 212 000 Gulden. Rückständige Besoldungs- und Gnadengelder seit Rückkunft des Kurfürsten 1715 bis 1720: über 1 530 000 Gulden.«

Die neuen Extraordinärausgaben ohne Einrechnung vieler kleiner Posten, weshalb die neue Schuld von viereinhalb Millionen Gulden hatte gemacht werden müssen, betrugen seit der Zeit der Rückkunft 1715 im Jahre 1720 insgesamt 4 601 145 Gulden. Darunter finden sich folgende Posten:» Zur Herausreise der Kurfürstin und jungen Herrschaften von Venedig und Grätz: gegen 40 000 Gulden. Zur Überbringung der Bagage aus Frankreich: 47 360 Gulden. Für den Kurprinzen und seine Reise nach Italien: 254 586 Gulden [...] Zwei Reisen des Kurprinzen und Herzog Ferdinands nach Ungarn, ohne die Unkosten, so auf Bagage, Livree und anders erloffen [erlaufen], 434 377 Gulden [...] Herzog Ferdinands Gemahlin Durchl. Herausführung und Kindbettpräsent 12 166 Gulden. Auslösung des goldenen Services und großen Diamantstein 543 781 Gulden. An die Generalstaaten wegen versetzten Juwelen in Interessen 280 404 Gulden; verschiedene erkaufte Juwelen 121 706 Gulden. Zu gnädigsten Handen wegen des von Ihrer Kais. Maj. abgeführten, von I. Kurf. D. aber ersetzten Silbers und andern Posten 128 470 Gulden [...]« Daß man darauf bedacht gewesen, auch auf die alte Weise Geld zu beschaffen, erweist folgender Posten: »Dem Goldmacher in der Au 9500 Gulden.« Zu den Schulden des Hofzahlamts an 12 656 760 Gulden kamen nun noch 2 424 608 Gulden beim Hofkriegszahlamt, so daß sich die Summe auf 15 Millionen belief. Der Gesamtbetrag war beim Tode des Kurfürsten 30 Millionen Gulden.

Über die, namentlich was die Tafel und Jagd betrifft, ganz dem unter Ludwig XIV. herrschend gewordenen Stile gemäß eingerichtete Tagesordnung am Hofe Max Emanuels geben die Memoiren von Pöllnitz Bericht, der im Jahre 1719 in München war: »Der Kurfürst stand ziemlich zeitig auf, hörte gegen zehn Uhr die Messe und begab sich dann an den Tagen, wo Geheime Ratssitzung war, ins Konseil, an den anderen Tagen spielte er [...], womit er die Mittagszeit erwartete. Nach dem Spiel kam er in sein Apartment zurück und speiste daselbst allein, niemand hatte dabei Zutritt als die Prinzen, die Offiziere vom Dienst und die Kammerherren. Die Prinzen speisten ebenfalls für sich, aber sehr oft luden sie Kavaliere dazu ein. Die Kurfürstin, die Kurprinzessin (Erzherzogin Amalie, Tochter Kaiser Josephs I.), die Herzogin Ferdinand (die zweite Schwiegertochter des Kurfürsten, geborene Pfalzgräfin von Neuburg) hielten ebenfalls ihre besonderen Tafeln. Dies veranlaßte einen ungeheuren Aufwand [...] Einen ebenso hohen Aufwand machte die Jagd. Der Kurfürst, der Kurprinz und Herzog Ferdinand gingen jeder für sich auf die Jagd, so daß täglich gegen 400 Pferde auf den Beinen waren [...] Wenn die Prinzen von der Jagd zurückkehrten, brachten sie den Abend bei der Herzogin Ferdinand zu, wo sie eine große Gesellschaft von Damen antrafen. Auch der Kurfürst kam zuweilen dahin [...] Zum Souper zog er sich in sein Apartment zurück und speiste mit Damen zur Nacht. Die Prinzen soupierten beim Kurprinzen, die Herzogin Ferdinand bei sich mit Kavalieren und Damen.

Dreimal in der Woche war Appartement [Spieltag] bei Hofe, entweder bei der Kurfürstin oder in der Orangerie. Hier fand sich auch der Kurfürst mit den Prinzen ein. Der Kurfürst unterhielt sich eine Zeitlang mit den Damen, dann setzte man sich zum Spiel, jeder machte seine Partie nach Belieben. Nach dem Spiel begab man sich in einen andern Saal, wo man eine große, wohl servierte Tafel fand. Der Kurfürst, die Prinzen und die Damen setzten sich daran und, wenn Platz war, auch die Kavaliere und die Fremden und selbst der Dienst des Kurfürsten. Man beobachtete gar keinen Rang bei dieser Tafel, und die Prinzen selbst saßen, wo sie wollten. Ebenso wie in der Orangerie, ging es in Nymphenburg zu, nur wurden hier mehr Promenaden gemacht, zweispännige Kaleschen und venezianische Gondeln fanden sich dazu immer in Menge in Bereitschaft.

An Sonn- und Festtagen speiste der Kurfürst mit den Prinzen und Prinzessinnen öffentlich. Die Kammerherren warteten dabei auf. Abends war Konzert. Die Damen versammelten sich bei der Kurfürstin oder Herzogin und begleiteten sie in die Oper. Darauf kehrte man in das Apartment, von dem man weggegangen war, zurück und spielte bis zum Souper. An diesen Tagen speisten die Damen mit dem Kurfürsten. Zuweilen legte man auch zu größerer Annehmlichkeit derer, die beisammenbleiben wollten, drei bis vier Couverts [Gedecke] auf die Spieltische. Nach dem Souper war öfters Ball. In der Sommerzeit verfehlte der Kurfürst niemals, alle Donnerstagabende in die Orangerie zu kommen, um dort Appartement zu halten, dann schlief er in Nymphenburg. Sonnabends kam er in die Stadt zurück, um Sonntag früh Konseil zu halten, nachmittags begab er sich auf irgendein Lustschloß. Diese gewöhnliche Ordnung des Hofes unterbrachen sehr oft Jagden, Fischereien und andere Vergnügungen. Der Kurfürst ordnete selbst alle Féten, die er gab, an, und ich glaube, schwerlich wird man jemand finden, der sich besser darauf verstand. Überall herrschten ausgesuchter Geschmack und Ordnung. Ich glaubte, mich auf eine verzauberte Insel versetzt zu sehen.«

Zum Schluß des Bildes des Hofes Max Emanuels stehe ein von Westenrieder mitgeteilter Brief des Kurfürsten, der von seiner Ausdrucksweise Kenntnis gibt. Er ist aus Brüssel an den fünfjährigen Kurprinzen Joseph, späteren Prinzen von Asturien, der zwei Jahre darauf hingeopfert wurde, gerichtet. Die Rechtschreibung Max Emanuels scheint mit seiner Rechtschaffenheit große Ähnlichkeit gehabt zu haben:

»Herzliebster Sohn. Das du dir die Hand hast fieren lassen, umb Schrifftlichen bey mir deine Erste bitt vor die, von mir zu woll verdienter Straff abgedanckhte Compagl. hatschier anzuwendten, hat mir umb dest mehr eine recht Inerliche Verquikhung gemacht, indem ich darauf die guete neigung deines Gemiets, so dich zum mitleiden, und Sanfftmiethigkeit bewegt; habe verspieren khönen: Derohalben deine Vorbitt allein bei mir vermögt, den Parton umb welchen du mich gebetten ersagter Compagl. zu ertheilen, wen dein guetes Gemieth unnd andere Gaben, so zu deinen alter genugsamb erscheinen, unnd welchen dich Gott der allmächtig zu deiner hegsten consulation begnadet machen, das ich mich billich versechen khan, du werdest auch meine Erste vetterliche Ermanungen also beherzigen, unnd in dein gemieth u. gedechtnus eintruckhen, daß du allezeit selbe vor augen haben, unnd solchen nachkhomen werdest, welche bestehen das du alzeit

1) Die forcht gottes vor allen sachen in herzen haben, unnd gedenckhen sollest, das aller anfang deines zeitlichen u. ewigen glückhs von demselben herrieren unnd khomen.

2) Den gehorsam gegen mir unnd denen Jenigen, so zu deiner Education ohne einzige widerspenzdigkheit zu beobachten, unnd gedeckhen daß, wan man dir etwas unntersagt, oder ermant, wan es dich auch schon hart ankhombt, alles zu deinem besten angesechen seye.

3) Wan du von tugenten deiner voreltern oder andern grossen Firsten erzellen hörest dich nach proportion deines alters selbe zu imitiren befleissest, herentgögen abscheuchen vor allen Lastern haben sollest.

4) Gleich wie nichts schöners an einen grossen Fürsten, als alle seine wissenschaften zu haben, also mach dir ein begiert alles zu lernen, unnd zu wissen, was einen Fürsten woll anstehet, deßwegen sey nit verdrießlich, bei deinen jezigen Jungen Jahren dich in solchen anfang

24. REITERSTANDBILD DES KURFÜRSTEN MAXIMILIAN II. EMANUEL VOR DER RESIDENZ IN MÜNCHEN

unnderweisen zu lassen, unnd alles von deinen meistern die dir werden zugegeben billig anzunemben.

5) Ermane ich dich absonderlich den zorn unnd gehe zu meistern, unnd dich zu überwündten, auch thuest desto mehr, müh [Mühe] darzue anwendten, weillen es scheint das dein natur dahin incliniert.

6) Leztlichen seye niemals undanckhbar gegen allen denen Jenigen, die vor dich arweithen, unnd sorgen, auch denen die dir threu dienen gedenkche das eine von Jenen großen glickhseligkheiten eines Fürstens denen leithen khönen guetes thuen, nun billig dir dein Erste bitt nit abgeschlagen, also hoffe ich billich du wirst mir auch diese meine Erste begehren geweren, unnd mithin alles glickh unnd Seegen von himmel über dich ziehen, welches ich dir von threuisten Vetterlichen herzen wünsche, auch aus Ewen diesen von grundt derselben meinen Vetterlichen Seegen hiermit ertheile, unnd verbleibe dein gueter u. threuer Vater. Prüssl den 22 novembl 1697 Max Emanuel Churfirst.«

Im Jahre 1726, als Max Emanuel 64 Jahre alt war, überfiel ihn eine schwere Krankheit, ein krampfhafter Zustand ließ ihn selbst nicht ohne Schmerzen Nahrung zu sich nehmen. Es kam die ernste Stunde des Todes. Der Kurfürst ließ jetzt in sein Sterbezimmer fast anderthalbhundert geistliche Bücher bringen und sich daraus vorlesen. Nur mit Mühe tröstete ihn sein Beichtvater, daß er nicht verzweifelte, in Angst starb er abends sieben Uhr, am 26. Februar 1726. Man sagte, er habe den Entschluß gehabt, sich in die von ihm angefangene, 1728 unter Carl VII. aber erst eingeweihte Eremitage von Nymphenburg in einem von alten, hohen, dunklen Bäumen umgebenen abgelegenen Teile des großen Gartens zu geistlichen Betrachtungen zurückzuziehen, ohne jemanden als seinen Beichtvater und einen Kammerdiener bei sich zu haben. Aber der Tod ereilte ihn früher. Zwei Jahre nachdem er gestorben war, 1728 – erzählt Keyßler – kam Max Emanuels Sohn, der Kurfürst von Köln, Clemens August, in diese Nymphenburger Eremitage, weihte daselbst den Altar ein, und die Gesellschaft machte sich dabei so lustig, daß für 200 Taler Trinkgläser zerbrochen wurden.

Von seiner zweiten Gemahlin, der polnischen Prinzessin Therese, hinterließ Max Emanuel außer dem Kurprinzen Carl Albrecht noch drei Prinzen und eine Prinzessin. Prinz Ferdinand, geboren 1699 zu Brüssel, starb als kaiserlicher Feldzeugmeister 1738. Er war vermählt mit Marie Anna Caroline, Tochter des Pfalzgrafen Philipp Wilhelm von Neuburg und der Maria Anna, der einen der Erbtöchter des letzten Herzogs von Sachsen-Lauenburg, von dem sie die von seiner Mutter, einer Gräfin Lobkowitz und Witwe des Grafen Collowrat, herrührenden böhmischen Herrschaften Reichstadt, Katzow, Sandau, Schwaden und so weiter erbte, mit 400 000 Gulden jährlicher Renten. Prinz Ferdinands Sohn Clemens Franz, der 1770 unbeerbt starb, hinterließ diese sogenannten bayerischen Herrschaften in Böhmen dem Herzog Carl II. von Zweibrück, der sie zwar 1784 an den Prinzen Christian von Waldeck verkaufte, aber 1790 wieder zurücknahm. Es erbte sie hierauf Herzog Carls II. Bruder, Maximilian, der spätere König von Bayern. Er stiftete davon eine Secundogenitur [Besitzrecht des zweiten Sohnes eines Herrscherhauses und seiner Nachkommen]. Die Herrschaften kamen 1805 an Toscana-Salzburg, Napoleons Sohn erhielt sie 1815 als Herzog von Reichstadt, und als er 1832 starb, fielen sie an Österreich zurück.

Der dritte Prinz Max Emanuels, Clemens August, geboren 1700 zu Brüssel, ward 1723 nach dem Tode seines Oheims Joseph Clemens Kurfürst von Köln, früher (1719) hatte er schon die Bistümer Münster und Paderborn erhalten, späterhin erhielt er noch die Bistümer Hildesheim (1724), Osnabrück (1728) und das Großmeistertum des Deutschen Ordens zu Mergentheim (1732). Er starb 1761 zu Koblenz. Der vierte Prinz, Theodor, geboren 1703 zu München, ward 1719 Bischof von Regensburg und 1723 zu Freising und starb als Kardinal und Bischof von Lüttich 1763.

Über alle diese vier Prinzen Max Emanuels und über seinen fünften, Philipp, geboren 1698 zu Brüssel und 1719 als Bischof von Paderborn zu Rom gestorben, äußerte sich ihr Oheim, der Kurfürst Joseph Clemens, in vertraulichen Briefen an seinen obersten Kanzler Karg. Der eine ist aus Donauwörth vom 22. September, der andere aus Schleißheim vom 4. November 1715, beide nach der Rückkunft aus dem Exil in Frankreich.

»Sub rosa [im geheimen] vertrauet mir Baron Neuhaus [der Oberkämmerer], daß man ohnmöglich keine so große Konfusion ihm einbilden kann, als nun zu München sei, wo der Kurfürst so verhaßt ist vom

Volk [...] Die Prinzen selbst sind unter sich separiert, und halten einige mit der Mutter, andere mit dem Vater, welchen auch alle schlechte Edukation [Erziehung] gegeben wird [...]

Der Kurprinz [geboren 1697 zu Brüssel, der spätere Kaiser Carl VII.] ist ein violenter [ungestümer] junger Tollhans und Kartenspieler, welches ihm das Geblüt also beunruhigt, daß dessen Medicus ihn besorget, bald hecticum [schwindsüchtig] zu sehen [...] Der Prinz Philipp ist für die Mutter [...], daher weder der Vater noch älterer Bruder ihn lieben [...] Der Prinz Ferdinand ist ein ganzer Soldat; der Prinz Clemens indifferent, aber der weit denkt und sich schon verlauten lasse gegen seine Brüder, daß er hoffe, bald größerer Herr als sie zu werden – und ist fromm, steht bei der Nacht auf und betet den Rosenkranz. Prinz Theodor ist noch ein Kind.«

Nach selbst genommener Einsicht in München berichtet der Oheim in dem anderen Briefe über die Prinzen: »Der Kurprinz ist ein braver Herr und zeiget in mich gar eine große Konfidenz [Vertrauen] und vor [für] seinen Herrn Vatern großen Respekt. Es zeiget zwar sich in ihm eine große Inklination [Neigung] vor die Weiber, Spielen und den Wein, allein mit der Einwendung, daß solches seiner Reputation nachteilig sein könnte, kann man ihn gar leichtiglich abhalten [...] Der zweite Prinz, Philipp [er starb vor dem Vater], ist nicht also, sondern un enfant fort mal tourné [ein sehr schlecht geartetes Kind] mit übeln Intentionen, Duckmäuser, ambitiös [geltungsbedürftig], dur de coeur [hartherzig]. Prinz Ferdinand, der dritte, ist ein Herr, so mein Favorit ist, lebendig und dolce [sanft], assistent [hilfsbereit] und immer appliziert [fleißig] und das beste Herz von der Welt; alles will er wissen und stets okkupiert [beschäftigt] sein [...]

Prinz Clemens, der vierte, ist ein [...] guter Herr, still, aber das beste Gemüt von der Welt. Mit diesem bin ich den 1. November sieben Stunden in einer welschen Chaise allein auf die Jagd gefahren, in welcher Zeit ich ihn rechtschaffen auszunehmen gesucht. Er hat's mir redlich bestanden in diesen Formalien: ›Noch zu keiner Zeit finde ich einmal nicht, daß der geistliche Stand meine Vokation [Berufung] seie.‹ Ich habe hierüber ihm geredet, wie es mein Gewissen mir andiktieret, aber ich habe müssen erkennen aus allem, daß seine Aversion in einem kindischen Systema noch bestehe, nämlich es ist ihm Angst, er muß als Abbé aufziehen und seine schönen langen Haare ihm abschneiden müssen lassen, worüber der übelgesinnte Prinz Philipp immer ihn vexiert [ärgert], so diesem aus väterlichem Befehl ernstlich verboten worden. Ich habe dahero geraten, sobald es immer möglich, nach Rom zu schicken, damit selber von seinem Bruder wegkomme [...]

Vom fünften Prinzen Theodor melde ich nichts, als daß er [...] noch ein Kind ist und sehr herzig.«

Die einzige Prinzessin, die Max Emanuel hinterließ, Maria Caroline, starb 1750 als Nonne Theresia Emanuele de Corde Jesu im Clarissen-Kloster auf dem Anger zu München.

Der Kurfürst hinterließ von seinen Mätressen mehrere natürliche Söhne, der berühmteste Sohn war der Comte Emanuel de Bavière und die berühmteste Tochter Maximiliane von Leithorst. Emanuel Comte de Bavière war der Sohn der Gräfin Arco, die als eine Frau von seltener Schönheit und seltenem Geiste, wie ihr nachgerühmt wurde, im Jahre 1717 zu Paris starb. Der Graf von Bayern besaß das Schloß St. Cloud, das ihm sein Vater, der ihn sehr liebte, mit 10 000 Gulden Jahrrente überlassen hatte. Er heiratete 1736 seine natürliche Nichte, die Gräfin Maria von Hohenfels, Tochter des Nachfolgers Carl Albrecht, war französischer General und königlicher Statthalter zu Peronne in der Picardie und fiel 1747 bei Laffeld.

Die Mutter der Maximiliane von Leithorst war in ein Kloster gegangen, das Mädchen scheint ohne alle Vorsorge von ihr und dem Vater geblieben zu sein. Sie war aber resolut, kleidete sich als Mann, nannte sich Baron Leithorst und ward Page bei Baron Halden, würzburgischer Gesandter in Regensburg. Später ging sie nach Wien und ward Soldat. Sie diente sieben Jahre als Kadett im französisch-lothringischen Regiment in Ungarn, erst bei einer Krankheit ward ihr Geschlecht entdeckt, sie ward als Leutnant mit Pension auf Lebenszeit entlassen. Ausgenommen bei der Kommunion, behielt sie ihre Mannskleider stets bei und starb 1748 an Brustkrebs.

Die Kurfürstin, die polnische Therese, lebte in nicht weniger freien Sitten als ihr Gemahl. Mit dem Jesuitenpater Dorotheus Schmacke aus Lüttich, ihrem 30jährigen Beichtvater, erzeugte sie, als sie von ihrem

25. Dankgebet vor der Mariensäule auf dem Marktplatz in München

Gemahl getrennt in Venedig mit ihrer Mutter zusammenlebte, 1706 einen natürlichen Sohn, den späteren Hauptmann und Hofkammerrat Johann Christoph Aretin, den Ahnherrn des Aretinischen Geschlechts. Der erste dieses Geschlechts ward Aretin genannt, weil er nach seiner Geburt zu einer Amme in Arezzo geschafft worden war. Drei Jahre alt, kehrte er wieder in die Arme der Kurfürstin zurück, und es ward vorgegeben, er sei im türkischen Lager als ein ausgesetzter armenischer Königssohn gefunden worden – unberücksichtigt, daß es schon seit 1515 keine Könige von Armenien mehr gegeben! Als die Kurfürstin 1715 sich wieder zu ihrem Gemahl nach München begab, folgte ihr der Knabe dahin. Dem Pater Schmacke wurde 1714 eine jährliche Pension von 400 Gulden auf Lebenszeit gegeben, später erhielt er das Verbot, nicht mehr an den Hof zu kommen. Er zog sich zuletzt als Praefectus spiritualis [geistlicher Vorsteher] ins Kollegium nach Neuburg zurück und starb hier 1730; ein paar Monate nach ihm starb die Kurfürstin, seine treue Freundin, zu Venedig, wo sie nach dem Tode ihres Gemahls wieder gelebt hatte.

Aretin figurierte in dem adligen Erziehungsinstitut, wo er seine Bildung erhielt, als Marchese Aretino, und kurz vor seinem Tode 1769 zu München ward er von Kurfürst Max Joseph baronisiert. Er beschwerte sich, daß man ihn nicht zum Grafen gemacht habe, und führte an, daß ihn die Kurfürstin adoptiert habe, die Fata [Geschicke] ließen es nur nicht zu, daß er mit seiner Geburt herausrücke, es werde sich aber kein anderer rühmen können, daß er von einer königlichen Prinzessin so wie er aufgezogen worden und in ihren Zimmern geschlafen. Seine Söhne behielten, als ihnen vom Reichsheroldenamt die Führung des polnischen Reichswappens untersagt ward, wenigstens noch die Königskrone – angeblich die armenische – bei.

Kurfürst Carl Albrecht, als deutscher Kaiser Carl VII. 1726 bis 1745

Max Emanuels Nachfolger war sein und der polnischen Therese ältester Sohn Carl Albrecht, geboren 1697 zu Brüssel. Er war der Fürst, der nach Ludwig dem Bayern zum zweiten Male seinem Hause die Kaiserkrone verschaffte, aber unter ganz veränderten Weltverhältnissen und zum großen Schaden Bayerns, da dem übermächtigen Rivalen, der die Kaiserkrone als ein Erbeigentum ansah, trotz der Hilfe Preußens doch der Rang nicht abgelaufen werden konnte.

Als sein Vater starb, war Carl Albrecht 29 Jahre alt. Seine Jugend war traurig gewesen. Er hatte sie in den österreichischen Gefängnissen von Klagenfurt und Grätz verlebt, wo er zehn Jahre lang, 1705 bis 1715, von seinen Eltern getrennt gewesen war. Als er nun wieder nach München an den prunkvollen Hof seines Vaters kam, brach sich, von einer Menge Verlockungen zur Verführung geweckt, die nur niedergehaltene Lust zum Lebensgenusse mit Macht Bahn; von der früheren Zeit blieben nur eine große Ängstlichkeit und Schüchternheit zurück. Er ward ganz so wie sein Vater, heiter, prachtliebend und bigott, nur die Kriegsliebe und Kriegskunde, die Max Emanuel besaß, hat Carl Albrecht niemals gehabt, sein Gemüt war dazu zu weich.

Frühzeitig fiel er, wie sein Vater, in die Ketten der Frauen, und eine sehr gescheite Frau und nahe Verwandte, die recht wohl Temperament und Art der Fürstlichkeiten, namentlich der Fürstlichkeiten ihres Hauses zu taxieren verstand, die Herzogin von Orléans, hatte ihm ein gar richtiges Prognostikon gestellt mit den Worten, die sie in einem Briefe am 29. Mai 1718 schrieb: »Die Prinzen von Bayern sollen gar nicht hübsch sein, aber viel Verstand haben. Vatert sich's bei ihnen, so werden sie den Grisetten brav nachlaufen.« Carl Albrecht hat die Vorhersagung der Herzogin nur zu wohl erfüllt: Er hat von seinen zahlreichen Geliebten nicht weniger als gegen 40 Kinder hinterlassen. Aus den Reihen der bayerischen Aristokratie wurden die Hauptgunstdamen gestellt, unter denen die Namen Sophie Caroline von Ingenheim, Gräfin

26. Kurfürst Carl Albrecht

Marie Josephe Topor-Morawitzka und eine Gräfin Fugger bekannt geworden sind.

Sophie Caroline von Ingenheim war Hoffräulein am Münchner Hofe. Mit ihr hatte Carl Albrecht schon als Kurprinz ein Verhältnis, und aus demselben stammt das Geschlecht der Grafen von Holnstein aus Bayern. Der Stammvater dieser Grafen, Franz Ludwig, ward 1723 geboren, von dem Vater, als er zur Regierung gekommen war, 1728 als Graf legitimiert und mit der Herrschaft Holnstein beschenkt, von Kaiser Joseph II. 1768 in den Reichsgrafenstand befördert. Er war Generalfeldzeugmeister und Reichsgeneralfeldmarschall-Leutnant, dazu Statthalter in der Oberpfalz zu Amberg. Außer diesem natürlichen Sohne Carl Albrechts gebar ihm Sophie von Ingenheim noch eine Tochter, die »Gräfin Hohenfels« betitelt wurde. Sie erhielt das Lehen Hohenfels in der Oberpfalz und heiratete ihren natürlichen Oheim, den Sohn Max Emanuels und der schönen Gräfin Anna Franzisca von Arco, den Comte Emanuel de Bavière, der als französischer General 1747 in der Schlacht bei Laffeld fiel. Sie überlebte ihren Gemahl noch 50 Jahre, sie starb erst 1797. Wie es damals an den Höfen in Deutschland Brauch zu werden angefangen hatte, ward Sophie von Ingenheim an einen Hofkavalier vermählt, der sich dazu hergab, aus der Hand seines Herrn dessen ehemalige Mätresse zu empfangen. Dieser Hofkavalier war der Ahnherr des Geschlechts der Spreti, Franz Johann Hieronymus. Er stammte aus Ravenna, wo er 1695 geboren wurde, kam als Kammerknabe beim Kurprinzen an den Hof Max Emanuels, begleitete die gefangenen Prinzen nach Klagenfurt, diente dann als Hauptmann im Türkenkriege, ward 1711 gegraft, 1715 Kammerherr, 1722 Oberküchenmeister und starb 1772 als Geheimer Rat und Generalfeldmarschall-Leutnant.

Wie Sophie von Ingenheim ward auch die spätere Geliebte Carl Albrechts, die Gräfin Morawitzka, einem dienstbeflissenen Hofkavalier zuteil. Es vermählte sich mit ihr, die damals 23 Jahre alt war, im Jahre 1737 der Kämmerer, Geheime Rat, Ritter des Hubertusordens und Oberhofmeister der Töchter des Kurfürsten, Fürst Anton Portia, der 1750, 48jährig, ohne Kinder starb. Seine Gemahlin, Hofdame bei der Kurfürstin, überlebte ihn noch 39 Jahre, sie starb erst 1789 zu München.

Kaum ein Jahr nach der Zurückkunft von Grätz hatte Carl Albrecht in München gelebt, als er sich mit seinem Bruder Ferdinand, dem nachherigen kaiserlichen Feldzeugmeister, 1716 auf eine Reise nach Italien begab, um den dortigen Venusberg zu besehen. Nachdem die beiden Brüder den Karneval in Venedig mitgemacht, gingen sie nach Florenz, Rom und Neapel. Darauf dient Carl Albrecht, ebenfalls mit Ferdinand, 1717 und 1718 in zwei Feldzügen unter Prinz Eugen in Ungarn. 1722 vermählte er sich mit Amalie von Österreich, Tochter Kaiser Josephs I. Das Beilager ward in München gefeiert, und zwar mit höchster Pracht. Die Kosten wurden so wenig gespart, daß nur allein das der Braut übersandte Bild des Kurprinzen auf 250 000 Gulden geschätzt wurde. Im Jahre 1724 machte Carl Albrecht eine zweite Reise nach Rom, und im Jahre 1725 ging er mit seinen Brüdern Ferdinand, Clemens August, Kurfürst von Köln, und Johann Theodor, Bischof von Regensburg, zur Vermählung König Ludwigs XV. mit Maria Lescinsky an den Hof von Versailles; beiläufig ward der Pariser Venusberg besehen.

Im Jahr nach dieser französischen Reise übernahm Carl Albrecht die Regierung von Bayern. Der Hoftrain [Gefolge] ward in demselben glänzenden Stile fortgeführt wie unter seinem Vater, in dieser Beziehung trat gar keine Veränderung ein. Dem jungen Kurfürsten verging die Zeit zwischen Lustbarkeiten und Andachtsverrichtungen. Die fortlaufende Kette des Hoftroubles in steten Vergnügungen und Festen ward nur durch den regelmäßig geordneten Besuch der Oratorien und der Teilnahme an den prächtigen Kirchenprozessionen unterbrochen. Täglich war französisches Schauspiel, worauf Ball und Spiel bei Hofe folgten, dreimal in der Woche fand Hofkonzert statt. Carl Albrecht interessierte sich sehr für die Oper. Er selbst übersetzte italienische Operntexte ins Deutsche, wie im Jahre 1738 den »Adriano in Siria«. Außerdem gab es häufig fürstliche Besuche bei Hofe, Reisen zu den Lustschlössern, Jagdpartien, und am stärksten nahmen die Zeit des jungen Herrn seine heimlichen Liebschaften in Anspruch. Am liebsten war er in den Boudoirs und Badekabinetten seiner zahlreichen Kurtisanen. In Nymphenburg, welches Schloß sein Lieblingsaufenthalt war, zeigt man noch die von seinem Vater erbaute Badenburg mit den Porträts der 16 Damen, mit denen Carl Albrecht unter sanfter Musik im Bade herumschwamm. Die gleichzeitigen Bilder des bekannten niederländischen Malers van der Werff haben diese und ähnliche fürstliche Schäferszenen für die europäischen Galerien verewigt.

Von diesen Schäferszenen weg warf sich Carl Albrecht wieder in Sack und Asche vor den Altären und Kreuzen der nahen »Klause« nieder sowie in der im Jahre 1739 zu Ehren der Heiligen Dreifaltigkeit von ihm gestifteten Klosterkirche. Carl war ein ebenso devoter als galanter Herr. Seine Verehrung gegen die Kirche bezeigte er durch die glänzendsten Geschenke. Als er im Jahre 1736 zu Fuß nach dem Gnadenbilde der Mutter Gottes in Altötting wallfahrtete, schenkte er demselben eine silberne Bildsäule, den Kurprinzen Max Joseph darstellend. Sie hatte dasselbe Gewicht wie der Prinz in seinem achten Jahre. Als Carl Albrecht im Sommer 1737, begleitet von seiner Gemahlin, zur Lösung eines während einer schweren Krankheit dieses Prinzen getanen Gelübdes nach Italien reiste, umgeben von fürstlicher Pracht, verehrte er dem heiligen Antonius zu Padua einen goldenen Kelch und dem Hause zu Loretto eine Lampe von gediegenem Golde.

Ein Hauptdenkmal seiner Prachtliebe stiftete Carl Albrecht in einem neuen, überaus prächtigen Saale, den er in dem prächtigen Palaste zu München, der schon 20 Säle und mehr als 2000 Fenster hatte, bauen ließ und der den berühmten Kaisersaal noch übertreffen sollte. Die Kosten dieses Baues betrugen fünf Millionen Gulden. Die ganze Pracht aber ging in einem neuen Schloßbrande im Jahre 1729 zugrunde. Das Paradebett dieses Kurfürsten ward auf 800 000 Gulden taxiert: Zweieinhalb Zentner Goldes waren daran verschwendet. Es hieß das Kaiserbett, und Kaiser Napoleon sollte einst darin schlafen; er bat sich aber ein gewöhnliches Bett aus.

Wie von seinem Vater ward auch von Carl Albrecht die Jagd mit Leidenschaft betrieben. In Nymphenburg wimmelte der benachbarte, fünf Stunden lang bis nach Starnberg reichende Tiergarten von gehegtem Wilde, Fasanen und Feldhühnern, auch am Starnberger See ward das Weidwerk betrieben. Mit stattlichem Gefolge zog man namentlich zur Reiherbeize aus. In des Kurfürsten Schlössern wimmelte es von Hunden, der Favoritenhund lag jederzeit zu Schleißheim in einer Loge neben seinem Bette, 12 andere Logen für Hunde befanden sich in dem anstoßenden Schreibsaal. Die Jagdlust teilte der Kurfürst mit seiner

Gemahlin, der kaiserlichen Prinzessin, von welcher Keyßler in seiner »Reise durch Deutschland«, die ihn 1729 auch nach Bayern führte, folgendes berichtet:

»Die Kurfürstin Amalia, eine kleine und zarte Dame, schießt sehr gut nach der Scheibe und nach dem Wildbret und geht öfters bei Jagden bis auf die Knie im Moraste. Auf den Jagden hat man sie allezeit in grüner Mannskleidung mit einer kleinen weißen Perücke gesehen, in welcher Gestalt sie auch das erstemal nach Schleißheim gekommen ist. Einst wurde sie auf der Parforcejagd, als sie gesegneten Leibes war, zweimal umgeworfen. Sie gab aber doch dem Kutscher, als er sie noch von ohngefähr zum Tod des Hirsches brachte, den gewöhnlichen Maxdor [bayerische Goldmünze, nach Kurfürst Max II. Emanuel benannt] und verbot auch die Strafe. Die Hunde finden eine große Liebhaberin in ihr, welches man vornehmlich zu Nymphenburg an den übel zugerichteten rotdamastenen Tapeten und Betten abmerken kann. Die kleinen englischen Windspiele gelten jetzt das meiste. Bei der Tafel stehen eine gute Menge derselben um die Kurfürstin, und auf jeder Seite sitzt einer, die alles wegnehmen, was sie erwischen können. Nahe an der Kurfürstin Bette zu Schleißheim hat ein Hund ein gelbdamastseidnes kleines Gezelt mit einem Kissen. Auf der Seite hängt das Brustbild des Herrn Christi mit der Dornenkrone.«

Bei den Jagden war die Amazonen-Kurfürstin von allen ihren spanisch gekleideten Hoffräuleins begleitet, die dem Herzen des Kurfürsten oft gefährlicher wurden als seinem Wilde. Die Kurfürstin war äußerlich nicht sehr vorteilhaft bedacht, dabei linkisch und schweigsam. Sie war nur des österreichischen Deutsch mächtig, Französisch hatte man sie aus Haß gegen Frankreich nicht lernen lassen. Die häßliche, fromme Dame wurde auf ihren galanten Gemahl höchst eifersüchtig, und durch diese Eifersucht wurden sehr unfürstliche Szenen herbeigeführt. Von Tränen kam es zu Drohungen, von Drohungen sogar zu Tätlichkeiten. Die Amazone zeigte, wie Moser in seinem Leben erzählt, selbst der Gräfin Solms-Rödelsheim ein ganzes Schächtelchen voller Haare, die der Kurfürst ihr einst im Zorne ausgerauft hätte. Sie blieb ihr Leben lang gut kaiserlich gesinnt und war dem großen Friedrich »vorderst in Ansehung der Religion unaussprechlich abgeneigt«, wie einmal der kaiserliche Gesandte Baron Widemann in München schreibt.

Die steten Lustbarkeiten, in denen der Hof lebte, die Verschwendung, der man sich rücksichtslos überließ, brachten einen sehr üblen Finanzzustand herbei. Man fühlte ihn, aber man tröstete sich mit der Untrüglichkeit der damals allgemein beobachteten Maxime, daß ein Landesherr verwenden und depensieren [ausgeben] dürfe, was und wieviel er wolle, wenn nur das Geld im Lande bleibe. Aber es ward bald nötig, daß man die gewöhnlichen Einkünfte durch außergewöhnliche vermehrte. Die gewöhnlichen Einkünfte Kurbayerns schätzte man auf sechs Millionen Gulden. Sie flossen aus Domänen, Forsten, Bergwerken, Steuern, Zöllen, Akzisen. Eine Million Gulden brachte allein der Handel mit dem salzburgischen und Reichenhaller Salz ein. Diese sechs Millionen reichten bei weitem nicht aus, man nahm daher zu außerordentlichen Mitteln Zuflucht. Im Jahre 1735 ward das Lotto eingeführt, in der Verordnung hieß es, »gleichwie die päpstliche Heiligkeit zu Rom und verschiedene Städte des Welschlandes« es hätten. Neunmal jährlich wurden die Glückslose seitdem zu München gezogen. Auch die Soldatenverkäuferei ward eingeführt, 8000 Bayern im Jahre 1738 den Österreichern zu dem das Jahr zuvor in Verbindung mit den Russen wieder neu angefangenen Türkenkriege verkauft, der Mann zu 36 Gulden.

Carl Albrecht hatte, das Beispiel des Wiener Hofes nachahmend, gleich beim Antritt seiner Regierung einen engeren Ministerrat, einen sogenannten Konferenzrat, gebildet, der aus vier dirigierenden Ministern zusammengesetzt war, einem Geheimen Konferenz- und drei Konferenzräten. Ein Oberhofcharge, der Oberstkämmerer Graf Thürheim, ward der Präsidierende. Er war früher Erzieher Carl Albrechts in der Gefangenschaft in Österreich gewesen und starb schon im Jahre 1738. Für die Finanzen ward der Oberstallmeister Graf Johann Max Preyssing bestallt, ein Sohn des Lieblings Max Emanuels und wieder der Liebling Carl Albrechts. Er hatte ihn auf seinen Reisen in die Venusberge begleitet. Die auswärtigen Geschäfte führte der Hofkriegsratspräsident und Generalfeldmarschall Graf Ignaz Joseph Törring-Jettenbach, Vater des ersten Grafen Törring-Gronsfeld. Er hatte 1722 die

Heirat mit der Erzherzogin als Gesandter in Wien negoziiert [vermittelt]. Er war der einflußreichste Mann unter Carl Albrecht, wie Hormayr sagt, »ein guter Patriot, aber borniert und hartmäulig«. Als Feldherr machte er später Fiasko. Der letzte in der Ministerkonferenz war der Geheime Rats-Kanzler Baron Franz Joseph von Unertl, der die Landes- und Kriegsaffären unter sich hatte. Er hatte seine Laufbahn in den Niederlanden zu Brüssel gemacht, wo ihn der Geheime Rat Prielmayr 1696 als Hofrat und Archivar angestellt hatte. Als 1704 die Österreicher in Bayern einrückten, hatte er dem kurfürstlichen Hause den großen Dienst erzeigt, aus dem Archive, das in Beschlag genommen wurde, die Unterhandlungen mit Frankreich und andere geheimste Papiere in Sicherheit zu bringen und auch die Hauskleinodien und Juwelen zu retten. Max Emanuel erhob ihn nach dem Frieden 1715 zum Geheimen Rat und Carl Albrecht bei seinem Regierungsantritt 1726 zum Geheimen Rats-Kanzler. Er starb 1750, 75 Jahre alt.

In dieser Verfassung des Hofes und Staates rückte der wichtige Moment des Aussterbens des habsburgisch-österreichischen Kaiserhauses und die Eröffnung der habsburg-österreichischen Erbschaft heran, ein Moment, nicht minder wichtig und bedenklich als der der Eröffnung der habsburgisch-spanischen Erbschaft unter Max Emanuel gewesen war. Zwar nicht heimlich, sondern offen, wie Maria Theresia es ihm ausdrücklich anrühmte, erklärte sich Carl Albrecht, aber er zeigte sich nicht minder wie sein Vater dem Unternehmen völlig ungewachsen. Am 20. Oktober 1740 starb Kaiser Carl VI. Fast ein ganzes Jahr ließ Carl Albrecht verstreichen, ehe er sich in Besitz der Lande setzte, auf die er Anspruch erhob. Er unterhandelte mit den Franzosen, mit dem Gesandten Marquis Rezé und mit dem Marschall Belleisle. In seinem Konferenzrate waren Preyssing und Törring entschieden für Frankreich, der alte Kanzler Baron Unertl aber die Stütze gegen die französischen Bearbeitungen. Alte Kundige erzählten Hormayr: Als Unertl einst im Nymphenburger Schlosse die Kabinettstüre verschlossen fand und die gewandten, geistvollen Franzosen mit dem Kurfürsten, seinem Herrn, lebhaft diskutieren hörte, rannte der fast 70jährige Greis schreiend und polternd in den Garten, legte eine Leiter an, schlug mit seinem Galadegen das Fenster durch und schrie dem Kurfürsten zu, an den Jammer seines Vaters zu gedenken und sich nicht den Franzosen hinzugeben. Die Nymphenburger Verträge wurden aber doch am 18. Mai 1741 gezeichnet, signiert von dem Minister des Auswärtigen, Grafen Törring, der die Schlachten seines Herrn zu schlagen brannte. Leider war dieser Herr auf dem Felde des Mars gar nicht so unternehmend als auf dem Felde der Venus.

Erst am 2. Oktober 1741 ließ sich Carl Albrecht, obgleich Österreich ganz widerstandsohnmächtig war, als Erzherzog von Österreich zu Linz huldigen. Statt nun ohne Zögern nach Wien, das der Hof verlassen hatte, vorzugehen, zog er nach Prag, aus Angst, daß seine Alliierten – Preußen und Sachsen – ihm die böhmische Krone vorwegnehmen könnten. Am 19. Dezember 1741 huldigten ihm zu Prag 400 Stände, aber das Volk erklärte sich nicht für ihn, es verharrte in düsterem Schweigen. Im Besitze Prags, ergriff Carl Albrecht eine neue Unruhe um die römische Königskrone, er zog nach Frankfurt und ward am 24. Januar 1742 als Kaiser Carl VII. ausgerufen. Darüber gingen Wien und Linz und Prag und München verloren. An demselben Tage, 12. Februar 1742, wo Carl aus der Hand seines Bruders, des Kurfürsten von Köln, die Krone Carls des Großen empfing, zogen die Österreicher unter dem Pandurenchef Menzel in München ein.

Menzel und Trenck wirtschafteten in Bayern wie die Kannibalen. Der Bericht Khevenhüllers, eines österreichischen Generals, besagt: »Die Freikorps übten vielfältig Mordbrennerei aus bloßer Lust. Sie haben Unschuldige nach Belieben an die Stadttore oder an die nächsten Bäume gehangen, Kirchen beraubt und heilige Gefäße verunreinigt, zertrümmert und Gold und Silber und Edelsteine der Kirchen an Juden verschachert – sie haben die Bauern der bayerischen Landfahnen mit abgeschnittenen Nasen und Ohren nach Hause geschickt, ehrbaren Frauen und Mädchen auf dem Rücken der gebundenen Hausväter Gewalt angetan und alsdann noch in die Flammen geschleudert, Säuglinge aufgespießt und den Hunden vorgeworfen.« Die in Wien über Trenck bei der zarten, bigotten Kaiserin Maria Theresia angebrachten Klagen wirkten hier aber nicht, weil man Trenck für einen zu notwendigen Mann hielt. Fast ohne Schwertstreich ergab sich das halbe Land, nur Straubing hielt sich und das brave Ingolstadt, das erst später, trotz der Tapferkeit seines Kommandanten Graf Granville, seine Tore öffnete.

Bayern ward, wie im Spanischen Erbfolgekriege, wiederum von 1742 bis 1745 österreichische Provinz und kam unter die Verwaltung des Hofkommissars Graf von Goes. Sofort wurden die Tauschprojekte in vollen Umtrieb gesetzt. Da Maria Theresia Schlesien verloren hatte, wollte sie sich nun wenigstens Bayerns versichern. Statt in München sollten die Wittelsbacher Bayerns in Brüssel, in Mailand, in Palermo ihre Residenz nehmen, oder auch sollte Bayern mit dem Frankreich abzunehmendem Elsaß, Lothringen und der Freigrafschaft abgefunden werden.

Wie im Spanischen Erbfolgekriege, so fand auch im österreichischen sich kein einziger hervorragender Mann in Bayern, weder im Felde noch im Kabinette. Auch die bayerischen Truppen bewährten sich nicht mehr, wie sie sich früher unter Tilly, Mercy und Jean de Werth bewährt hatten. Die Schlacht bei Höchstädt im Spanischen Erbfolgekriege war die letzte gewesen, wo sie mit Ruhm gefochten hatten. Der gegenwärtige Feldherr, der Auswärtige Minister Graf Törring, hatte, wie Hormayr sagt, die Ähnlichkeit mit einer Trommel, daß man »von ihm nur hörte, wenn er geschlagen wurde«. Carl VII. sah sich genötigt, an seiner Statt den Feldmarschall Graf Seckendorff, der früher dem Kaiser gedient hatte, in Dienst zu nehmen. Dieser führte ihn zweimal in seine Hauptstadt zurück. Zwischenzeitlich mußte Kaiser Carl VII. getrennt von seinem Lande in Frankfurt am Main leben, welche Stadt durch die Großmut Lord Stairs, des Befehlshabers der sogenannten pragmatischen Armee, der dem Unglücke eine Freistätte gönnen wollte, für neutral erklärt worden war.

Der deutsche Kaiser lebte hier in Frankfurt von den Unterstützungen seiner Feinde und seines Oberpostmeisters, des Fürsten Taxis. Er äußerte in dieser Not öfters: »Das Unglück wird mich nicht verlassen, bis ich es verlasse.« Nur die Freude erlebte er noch, in München zu sterben, Friedrich II. hatte ihm durch einen zweiten Einfall in Böhmen Luft gemacht, Graf Goes floh nach Salzburg, Carl VII. zog am 23. Oktober 1744 wieder in München ein. Er verschied hier ein Vierteljahr nachher in den Armen seiner Gemahlin und seines einzigen Sohnes und

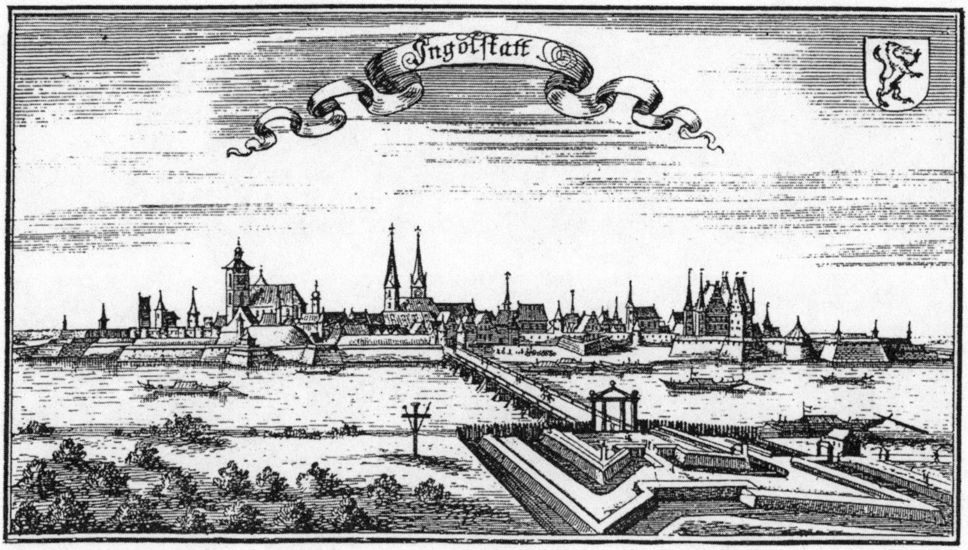

27. INGOLSTADT

Nachfolgers am 20. Januar 1745, nur 48 Jahre alt, an zurückgetretener Gicht. Bei seinem Leichenbegängnis bei den Theatinern trug man eine Weltkugel zum Symbol der Macht des Toten, der kaum sein eigenes Land zum Sterben wiedererhalten hatte. Man nannte diesen Toten etikettemäßig den »unüberwindlichsten Herrn und Kaiser«. Um die machtlose Kaiserkrone zu erlangen, hatte Carl Albrecht sich erniedrigen müssen, Leutnant seines hohen Alliierten und Bruders, des Königs von Frankreich, zu werden, ihn mit den devotesten Ausdrücken zu verehren und das arme Land mit einer ungeheueren Schuldenlast zu übersetzen.

Carl Albrecht hinterließ 40 Millionen Schulden. Die Krönungsreise nach Frankfurt, einschließlich der Kosten für zwei Kutschen und Pferdegeschirr, in Paris gemacht, veranlaßte allein einen Aufwand von über 122 000 Gulden. Statt Bayern durch die Kaiserkrone zum Glanze zu führen, hinterließ es Carl Albrecht in Armut und dazu in Schmutz, Finsternis und Aberglauben versunken. Land und Hof, Kirchen und Schulen, ja sogar das Schauspiel, das unter ihrer Aufsicht stand, beherrschten die Jesuiten. Es wimmelte in Bayern von Klöstern und Mönchen und von den durch sie unterhaltenen Müßiggängern und Bettlern, unter denen nach Gelegenheit eine Menge rohe Strolche, Landstreicher, Verbrecher, Taugenichtse und Gauner auftauchten. Diese Bettler-, Müßiggänger- und Landstreicherschar war hauptsächlich aus den vielen unehelichen Kindern, die das Land hatte, herangewachsen. Carl Albrecht klagte namentlich sehr über seine Gemahlin, die sich unbegrenzt wohltätig sowohl gegen die Geistlichen als gegen die Bettler und Müßiggänger bezeigte. Er sagte einmal seinem Kanzler: »Alle Eure Bettelmandate sind für nichts. Der Kurfürstin müßt Ihr befehlen, daß sie mit ihrer Hand nicht so viel Bettelleute herbeiziehe.«

Carl Albrecht stiftete zu Erhöhung des Hofglanzes noch 1729 den Orden des heiligen Georg, dessen Ritter den Titel führten: »Beschützer der unbefleckten Empfängnis der allerseligsten Jungfrau Maria«. Großmeister war der Kurfürst, Großprior der Kurprinz, außerdem gab es zehn Großkomture, 16 Komture, einen Schatzmeister, einen Zeremoniarus und 24 Ritter.

Von den drei Töchtern, die Carl Albrecht außer seinem Kronprinzen hinterließ, hat Maria Antonia den späteren Kurfürsten Friedrich Christian von Sachsen 1747, Marie Josephe den Markgrafen Georg Ludwig von Baden-Baden 1755 und Josephe Maria Kaiser Joseph II. 1765 geheiratet.

Die oberste Leitung der Inneren und Auswärtigen Angelegenheiten führte der Geheime Rat, in dem Carl Albrecht, als er 1726 die Regierung antrat, anfangs selbst präsidierte. Es fungierten mit dem Titel als Exzellenz neun altadlige und vier gelehrte Geheime Räte. An der Spitze standen immer noch, was charakteristisch ist, die ersten sechs Hofchargen.

Kurfürst Maximilian III. Joseph 1745 bis 1777

Carl Albrechts Nachfolger Maximilian III. Joseph war der letzte Fürst von der alten Kurlinie Bayerns. Geboren 1727, hatte er die gewöhnliche Jesuitenerziehung erhalten. Sein Hofmeister war der in Physik und Mathematik ausgezeichnete Jesuitenpater Daniel Stadler und sein Instruktor in Staatssachen der im Labyrinth der römischen Gesetzgebung wohlerfahrene Würzburger Professor Johann Adam Ickstatt. Der Pater Stadler blieb die ganze Regierung Max Josephs durch der einflußreichste Mann; auch Ickstatt wurde später ein Vertrauensmann des Kurfürsten und 1745 baronisiert. Er war nicht nur ein grundgelehrter Professor, sondern auch ein in der geschmeidigsten Unterwürfigkeit gegen geistliche und weltliche Machthaber ausgelernter Hofmann. Max Josephs Jugend fiel in die Zeit, wo die von Frankreich herüberkommenden Ideen der Philanthropie in Deutschland zu wirken anfingen und wo Friedrich II. in Preußen die Aufklärung in Schutz nahm. Der allgemeinen Atmosphäre dieses neuen Geistes vermochten die Jesuiten ihren Zögling nicht zu entziehen. Während er selbst von ihm genährt und mächtig angezogen ward, erlagen ihm die Jesuiten. Ihr Sturz fiel in die Regierung Max Josephs.

Man hatte nachgerade auch in Bayern für nötig gefunden, mit der

28. Kurfürst Maximilian III. Joseph

steigenden Aufklärung, namentlich den neuen Ideen im Kamerale [Finanzwissenschaft], wenigstens einigermaßen äußerlich Schritt zu halten. Was für Sachsen Leipzig war, ward für Bayern Würzburg, von hier berief man die Professoren zu Prinzenerziehern und sogar ins Regiment. Die Namen Ickstatt, Zentner [aus Heidelberg berufen], Rudhart und Pfordten gehören in diese Reihe. Die Erziehung Max Josephs ward durch die Leitung des Jesuiten und des ihm gefälligen Romanisten so wohl geleitet, daß der Prinz Judäa und Rom besser als sein Vaterland kannte. Das, was man an ihn brachte, war so wohl zugewogen, daß seine Sehnsucht, die Welt kennenzulernen, um sie zu beglücken, unbefriedigt blieb. Der Pater-Beichtvater erklärte ihm mehrmals, man müsse zeitlichen Dingen nicht allzufest obliegen und nie vergessen, daß mit größerem Wissen auch größere Verantwortung vor Gott erwachse.

Inmitten eines verführerischen, üppigen Hofes hatte sich Max Joseph sittenrein erhalten. Unverdorben, aber auch unerfahren, übernahm er, kaum 18jährig, die Regierung. Nur die unbestimmte, aber starke Sehnsucht lebte in ihm, eine Welt zu beglücken. Mit der Regierung übernahm Max Joseph auch den Krieg gegen Österreich. Wenige Tage nach des Vaters Tode hatte er wieder ein Flüchtling werden müssen. Er ging nach Augsburg und Mannheim. Es waren zwei Parteien am Hofe. Des Kurfürsten Alliierte – Preußen und Frankreich – rieten dringend, den Krieg standhaft fortzusetzen, dagegen waren die Kurfürstin-Mutter, die verwitwete Kaiserin Amalie, und der Graf von Seckendorff, der Feldherr Kaiser Carls VII., der sich mehr als kaiserlichen denn als bayerischen Feldherrn angesehen hatte, für Abschließung des Friedens. Die Mutter drohte dem jungen Kurfürsten sogar, nach Wien zu gehen und ihn nie wiedersehen zu wollen. Von ihr gedrängt, schloß Max Joseph am 22. April 1746 den Frieden zu Füssen am Lech. In diesem Frieden gab Bayern sein ganzes Recht an der österreichischen Erbschaft auf. Max Joseph pflegte späterhin wiederholt zu äußern: »Ich verstand damals von allem, was vorging, gar nichts.« Er ist bis zu seinem Tode beständig aufgebracht gegen diesen Friedensschluß geblieben, namentlich auch darüber, daß Österreich einen ansehnlichen Teil der bayerischen Artillerie vorenthielt.

Um dem Haus den Anspruch gültig zu erhalten, übertrug Prinz Clemens, der Sohn des Prinzen Ferdinand Maria, Oheims des Kurfürsten, als Agnat [männlicher Blutsverwandter der männlichen Linie] seine Rechte am 10. Mai 1745, wenn je davon Gebrauch gemacht werden könnte, als Schenkung an den Kurfürsten Carl Theodor von der Pfalz. Er tat es auf Anraten seiner Gemahlin Maria Anna, der Tochter Joseph Carls von Sulzbach, die nachher noch einmal mit Hilfe Friedrich II. von Preußen, dessen Freundin sie war und mit dem sie einen beständigen Briefwechsel unterhielt, energisch die Integrität Bayerns gegen Österreich aufrechterhalten hat.

Nach wiederhergestelltem Frieden begann der junge Kurfürst seine Regierung. Sie war sehr schwach, ja kläglich, eine wahre Major-Domus-Regierung. Sie blieb so auch nach seiner Vermählung, die er im Jahre 1747 mit Maria Anna Sophie, Tochter König Augusts III. von Sachsen-Polen, vollzog. Die Kurfürstin erlangte gar keinen Einfluß auf die Geschäfte. Dennoch war Max im Volke so populär, daß man ihn nur den »guten Max« hieß. Im allgemeinen ging auch unter dieser Regierung der Hoftrain in dem althergebrachten Stile fort, wie er sich unter Vater und Großvater festgesetzt hatte. Des jungen Kurfürsten Hauptbeschäftigungen waren die Hoflustbarkeiten, besonders das Theater, die Oper und die Jagd, nächstdem war eine besondere Lieblingsneigung des jungen Herrn das Drechseln. Nach den Memoiren des Baron von der Asseburg, welcher im Jahre 1746 dem hessen-kasselschen Gesandten in München, General von Donop, beigegeben war, war es eine Gräfin Seeau, »die auf den jungen Kurfürsten einen bedeutenden Einfluß ausgeübt« zu haben schien. Graf Joseph Seeau, Kämmerer, war einer seiner Lieblinge, er beschäftigte sich viel mit Theater und anderen Hoflustbarkeiten, später ward er Oberhofmeister der gescheiten, nicht österreichisch, sondern bayerisch und demnächst preußisch gesinnten Herzogin Maria Anna.

Über die Verhältnisse am Münchner Hofe zu Anfang dieser Regierung haben wir den Hauptaufschluß in den Depeschen des kaiserlichen Gesandten in Bayern, Baron Widemann, erhalten, welche der Oberhofbibliothekar Johann Christian Baron Aretin in seinen historischen Beiträgen aus der Pollinger Klosterbibliothek mitgeteilt hat. Sie sind sehr weitläufig, breitspurig und verraten einen kaum über die Mittelmäßigkeit sich erhebenden Diplomaten, aber sie geben einen hinreichend anschaulichen Einblick in die bodenlose Verdorbenheit aller damaligen Hof- und Landeszustände und sind darum interessant genug, namentlich bei dem großen Mangel an detaillierten und sicher beglaubigten Nachrichten, der sich bei der Hofgeschichte Bayerns fühlbarer als bei irgendeinem anderen deutschen Hofe macht. Aus den Memoiren Widemanns, der als kaiserlicher Gesandter dem Münchner Hofe nahe genug stand und sich als ein Wissender in vielen geheimen Dingen zeigt, erfährt man, wie der Herr von Bayern auf der einen Seite von Günstlingen zu einer Kette von Zerstreuungen, auf der anderen Seite von seinem Jesuiten-Beichtvater in den Geschäftsentschließungen gegängelt wurde. Man erfährt, wie der junge Herr immer »schüchtern« und »irre« gemacht wurde; diese Ausdrücke und die Verstellung, welche Max Joseph diesem Schüchtern- und Irremachen entgegengesetzt habe, kommen immerwährend vor. Der Kurfürst sagte einmal: »Ich werde von allen Seiten geplagt.« Unter dieser Plage war die von Österreich nicht die geringste. Max Joseph äußerte wiederholt, daß es ihn »durchaus hart zu halten« suche.

Unter den jungen Günstlingen des Kurfürsten, mit denen er seine Vergnügungen teilte, werden außer dem Grafen Seeau unter anderen noch die Namen eines Grafen Seilern, eines Grafen Wied, eines Grafen Waldburg-Zeil, eines Grafen Ludwig Fürstenberg aufgeführt. »Graf Seeau«, schreibt Baron Widemann in einer seiner Depeschen vom Jahre 1750, »erhält sich noch immer, und der Kurfürst scheint von Tage zu Tage mehr die Erlustigung als Geschäfte sich angelegen sein zu lassen. Er bringt die Zeit mit Jagen zu und wird hier von nichts anderem als von Erbauung des neuen Theaters und von der auf Maximiliani darauf aufzuführenden Opera, so alles sehr viel Geld kostet, gesprochen.« Nach Graf Seeau kam Graf Seilern als Hauptfavorit an die Reihe, später aber behauptete sich jener in der Gunst. Über diesen Wechsel berichtet eine Depesche Widemanns vom 14. Mai 1752 also: »Hat der Kurfürst auf einmal den bekannten Grafen von Seilern (ohne welchen er vorhin keinen Tag hätte sein können und welchen er sonsten allerorten vorzüglich allein mit sich genommen) selbsten aus der Zahl derjenigen ausgestrichen, welche mit ihm zu Nymphenburg wohnen sollen. Schwingt sich dagegen der schon verschiedentlich in Ungnaden gewesene Graf von Seeau wiederum auf einmal empor, welcher aber, seiner Gemütsneigung nach, ein weit gefährlicherer Favorit als Graf von Seilern gewesen.« Und über die gesamte Umgebung des Kurfürsten legt der Gesandte folgende Urteile nieder: »Ist der Kurfürst mit Leuten umgeben, welche ihn zu nichts als zu Dingen anführen, wobei sie ihren Nutzen finden – ja alle seine Lieblinge ganz keine erhabene Gedenkens-Art besitzen, dahero auch täglich solche Sachen vorgehen, so diesem Hofe nicht viel Ehre machen. Es zeigt sich bei dem hiesigen Hofe ein großer Mangel an tüchtigen Subjectis.«

Der Hauptvertrauensmann Max Josephs war sein ehemaliger Lehrer, der Beichtvater und Jesuitenpater Stadler. Baron Widemann berichtet über ihn unterm 27. Mai 1751: »Die Vermögenheit des Beichtvaters wächst täglich mehr und mehr. Dieser Jesuit ist der einzige, welcher dieses Fürsten (dessen Gemüt sonsten gegen alle und überhaupt an sich voll Mißtrauen und Verdacht ist) ganzes Vertrauen besitzt. Er bringt dem Kurfürsten bei dem täglichen Frühgebet bei, was er nur will. Es fehlt ihm bei allen Stellen keineswegs an Anhängern. In der Konferenz und in dem Ministerio selbst trägt bevorab Graf Seinsheim auf diesen Mann viele Rücksicht. Im Militari ist ihm der General Wachsenstein völlig gewidmet, und in dem Kameralibus hängt der Präsident gänzlich von ihm ab; außerdem hat er auch den Geheimen-Ratsvizekanzler Kreittmayr völlig auf seiner Seite. Sogar der Feldmarschall Graf von Törring, welcher doch ihm, Beichtvater, größtenteils seinen Fall und die Beraubung von allem Einflusse in die Geschäfte zuzuschreiben hat, schmeichelt diesem Mann neuerdings sehr. Ja, dessen jüngster Sohn hat einen fast täglichen Umgang mit ihm.«

Den Hauptaufschluß über das im Charakter des jungen Kurfürsten vorherrschende Mißtrauen und Argwohn gibt ein Bericht aus München, welchen Schlözer in seinem Briefwechsel mitgeteilt hat. Er ist unmittelbar nach Max Josephs Tode geschrieben. »Ich bin nicht bestellt«, sagt dieser Bericht, »des Kurfürsten Panegyrist [Lobredner] zu sein, aber der Gerechtigkeit zu Steuer muß ich sagen, daß er keinen anderen Fehler hatte, als daß er zu gut war und nicht Stärke genug besaß, den Ausschweifungen seiner Einbildungskraft zu widerstehen, welche ihm die schrecklichsten Bilder von Giftmischereien und dergleichen beständig vormalte. Hierin liegt der Aufschluß zu seiner ganzen Regierung. Die beständige Furcht, vergiftet zu werden, machte ihn zugleich zaghaft und mutlos, daher unterstand er sich kaum, seinen Ministern zu widersprechen, sie mochten unternehmen, was sie wollten, und eben darauf stützte sich das traurige Ministerregiment. Das Mißtrauen hielt patriotische und redliche Männer von dem Fürsten in beständiger Entfernung, und die ganze Regierung blieb allein in den Händen der Majorum domus.«

Einige Personalien der damaligen bayerischen Majorum domus sind in den Depeschen des Barons Widemann enthalten. Sie sind zwar weit davon entfernt, psychologisch tiefer gefaßte Charakteristiken zu geben, sie enthüllen aber die politischen oder vielmehr größtenteils unpolitischen Motive, aus denen damals das Regiment in Bayern geführt wurde. Die oberste Regierungsbehörde bildeten die kurfürstlichen Geheimen Konferenzräte, die Konferenzminister. An ihrer Spitze standen nach wie vor die ersten Hofbeamten: der Obristhofmeister, Obristkämmerer und Obriststallmeister. Der Obristhofmeister Johann Max Graf Preyssing, Herr auf Hohenaschau, war ein Urenkel des ersten Erwerbers von Hohenaschau, des Hofratspräsidenten, Geheimen Rats und Oberhofmarschalls Johann Christoph unter dem großen Kurfürsten Max, und der Sohn des Lieblings Max Emanuels, des Oberhofmeisters Max Preyssing, Sohn des ersten Grafen. Johann Max war wieder Liebling und Vertrauensmann Kaiser Carls VII., den er auf seinen Reisen begleitet hatte, gewesen und von ihm 1726 bei seinem Regierungsantritt zum Oberstallmeister und zugleich Konferenzrat und Oberdirektor der Finanzen ernannt worden. Darauf ward er Oberhofmeister des Kurprinzen Max Joseph und stieg zum Obristkämmerer und Präsidenten des Konferenzrats. Bei Max Josephs Regierungsantritt ward er zugleich Obristhofmeister und stand so an der Spitze von Staat und Hof in Bayern. Vermählt war er mit zwei bayerischen Damen, erst mit einer Gräfin Rechberg, dann mit einer Gräfin Fugger.

Graf Preyssing galt nach den Worten Baron Widemanns schon unter Kaiser Carl VII. für »ganz französisch gesinnt«, zugleich aber für bei der

Kaiserin, der häßlichen, frommen österreichischen Amalie, »alles vermögend«. Er selbst muß ihm das Zeugnis geben, daß er mit seiner Gesinnung nicht dissimuliert [verheimlicht] habe. »Habe ich«, schreibt er in einer Depesche vom 24. September 1751 an den Wiener Hof, »die pflichtschuldige Anmerkung zu machen, daß Graf von Preyssing, seiner Gemütsbeschaffenheit nach und wie ich ihn kenne, nicht anders redet, als er denke.« Preyssing hatte beim Regierungsantritt an des gestürzten Feldmarschalls Törring Stelle das Departement der Auswärtigen Affären übernommen. Über diesen Sturz berichtet eine Depesche vom 24. Mai 1752 in folgenden Worten: »Rührt der Unwille des Kurfürsten auf den Feldmarschall daher, daß er immer bei den Ständen das Wort wider den Hof führe und (wie man ihm zur Last legen will) die Triebfeder einer in die letztere ständische Schrift eingeflossenen, dem Hofe mißfälligen Stelle von einer freiwilligen Gabe gewesen sei.« Graf Preyssing starb 1764, ein Jahr nach Beendigung des Siebenjährigen Krieges, 77 Jahre alt.

Sein Nachfolger als Obristhofmeister und zugleich als Präsident des Konferenzrates war der bisherige Oberstallmeister Joseph Franz Graf Seinsheim. Er stammte aus dem mit den Schwarzenbergen gleichen Ursprung habenden fränkischen Geschlechte, das früher protestantisch war. Friedrich Ludwig konvertierte sich und ließ sich in der zweiten Hälfte des 17. Jahrhunderts in Bayern nieder. Gegraft wurden die Seinsheims wie die Preyssings ebenfalls erst unter Max Emanuel im Jahre 1705 – und zwar zu der Zeit, als dieser in die Reichsacht kam – durch kaiserliche Gnade Josephs I. Joseph Franz war der Sohn des ersten Grafen und der Bruder des Bischofs Adam Friedrich von Bamberg und Würzburg. Nach den Depeschen Baron Widemanns war er schon lange der Rivale Preyssings gewesen, wie sein Bruder gut österreichisch gesinnt und ein Hauptgünstling der Jesuiten: »Steht mit dem Pater Stadler in so gutem Vernehmen, daß sich einer durch den andern bei dem Kurfürsten erhält. Setzt sich täglich fester bei dem Kurfürsten [...] Ist der einzige, den der Kurfürst noch in Geschäften anhören mag, die übrigen aus Zaghaftigkeit, Unzufriedenheit und Überdrüssigkeit alles liegen lassen [...] Läßt alles, um nur gefällig zu sein, über und darüber gehen, wodurch der Beichtvater täglich mehr ein gewonnenes

Spiel bekommt […] Zeigt alle gute [österreichische] Gesinnung, doch fehlt es ihm fort und fort an der Standhaftigkeit«, heißt es in verschiedenen Depeschen aus den Jahren 1751 und 1752. Seinsheim starb erst unter der folgenden Regierung 1787.

Die dritte Hofcharge, die neben Seinsheim und Preyssing im Konferenzrate eine Oberstelle einnahm, war der Obristkämmerer Max Franz Graf von Tattenbach, ein Herr aus der alten Jägermeisterfamilie Bayerns, die Jägerhorn und Hirschgeweih im Wappen führt und ehemals zu den reichsten Häusern Bayerns gehörte, auch schon früher als die Preyssings und Seinsheims – schon zur Zeit des Dreißigjährigen Krieges, 1637 – durch Kaiser Ferdinand III. gegraft worden war. Nach Baron Widemanns Worten hatte Graf Tattenbach, wie er in einer Depesche vom 28. Mai 1750 berichtet, »dermalen gar geringen Einfluß in Geschäften, ja entfernt sich selbst seiner eigenen Neigung nach davon so viel als möglich«.

Nächst diesen drei Hofchargen hatten Sitz und Stimme im Konferenzrate noch der Kanzler Praidlohn und der Vizekanzler Kreittmayr. Franz Andreas Baron Praidlohn war die Kreatur und der Geschäftsmann des Premiers Preyssing und der geschworene Feind des Jesuitenpaters Stadler. In Wiguläus Aloysius, seit 1745 Freiherr von Kreittmayr, sah man die Blüte eines altbayerischen Staatsmannes verkörpert. Er war, wie Hormayr sich ausdrückt, »ein ernster, gestrenger, in Gelehrsamkeit und Geschmack üppig barbarischer Herr, ein durch und durch altgebackener Altbayer«. »Hat«, berichten die Widemannschen Depeschen von ihm, »dem Verlaut nach mit dem Törringischen Hause sehr gut gestanden, ist bei dem Kurfürsten so gut angeschrieben, daß er auf den sich ereignenden Fall schon gleichsam in petto zum Nachfolger des Praidlohns bestimmt ist, welches auch bei diesem letzteren viel Scheelsucht [Neid] erweckt hat – soll im Reden bei weitem die Geschicklichkeit nicht besitzen wie im Schreiben.« Jener Fall ereignete sich im Jahre 1758, wo Kreittmayr an Praidlohns Stelle als Kanzler eintrat. Er erlebte noch die folgende Regierung und starb 1790. Er ist der Autor der drakonischen Gesetzgebung Bayerns.

Spätere Mitglieder des Konferenzrates von Einfluß waren noch der Hofkammerpräsident Graf Törring und der Tattenbach als Oberstkämmerer gefolgte Graf Paumgarten. Graf Emanuel Törring-Gronsfeld stammte aus jener schon im 15. Jahrhundert in Bayern sehr mächtigen Landherrenfamilie, aus der 1436 Caspar der Törringer von Herzog Heinrich dem Reichen verfemt ward; sie bekleidete das Erblandjägermeisteramt in Bayern und war schon seit 1630 durch Kaiser Ferdinand II. – eher noch als die Tattenbachs, Seinsheims und Preyssings – gegraft worden. Graf Emanuel war der älteste Sohn jenes unter Kaiser Carl VII. höchst einflußreich gewesenen Feldmarschalls Ignaz Joseph, jener alten, bornierten und hartmäuligen Kriegsgurgel, die die Schlachten des Kaisers immer verlor und die beim Anfang der Regierung Max Josephs, weil sie auf die alten 70 Freiheitsbriefe des bayerischen Adels und auf die Privilegien desselben pochte, durch den Jesuitenpater Stadler von den Geschäften des Auswärtigen Departements entfernt worden war. Graf Emanuel dagegen, der Hofkammerpräsident und Gemahl der Erbtochter der westfälischen Reichsgrafschaft Gronsfeld, war ein großer Liebling des Kurfürsten und des Paters Stadler. Letzterem entgegen war Graf Törring aber doch von freierem Geiste und ein Hauptförderer der Stiftung der Akademie der Wissenschaften zu München. Er starb im Jahre 1773, und sein Geist vererbte sich auf seinen Neffen und Erben, den Grafen Joseph.

Graf Johann Joseph Paumgarten aus einem Tiroler Geschlecht, das dem alten Genealogen Wiguläus Hund zufolge aus Kufstein stammt, wurde der erste Graf seines Hauses im Jahre 1746 und zugleich nach Graf Preyssings Tode 1764 der erste eigentliche Kabinettsminister Bayerns für die Auswärtigen Angelegenheiten.

Von großem Einflusse war noch der Federführer im Konferenzrate, der Hof- und Kabinettssekretär von Erdt. Erdt hatte früher bei der Gesandtschaft des Grafen Haslang in London fungiert und von daher einen größeren Horizont für die Geschäfte, als Altbayern verschaffte, sich angeeignet. »Ist«, berichtet eine Depesche Widemanns, »vermöge seiner Charge beständig um den Kurfürsten und wird überhaupt von ihm wohlgelitten, scheint auch mehr für England als für Frankreich geneigt zu sein [...] Erdt ist der einzige, der für die gute [österreichische] Sache redlich denkt und sowohl Standhaftigkeit als auch Mut hat, dem Kurfürsten etwas zu sagen.«

Über den trägen Geschäftsgang am Münchner Hofe berichtet eine Depesche Baron Widemanns vom 13. September 1751. Man erfährt daraus, daß die Minister wiederholt, namentlich im Herbst, auf ihre Güter verreisten und daß während dieser Ferienreisen zuweilen ein völliger Geschäftsstillstand eintrat. »Graf von Seinsheim wird noch den 20. oder längstens den 22. September auf seine Güter verreisen und bis auf den 12. Oktober, als des Kurfürsten Namenstag, ausbleiben. Wo sodann merkwürdig ist, daß fast vier Wochen hindurch kein einziger von den Haupt-Hofchargen noch von den Ministern, welche dem Kurfürsten von Geschäften reden dürfen, hier zugegen – mithin in allen Angelegenheiten ein gänzlicher Stillstand sein wird.« Von »der hier eingeführten Lauigkeit in allen Geschäften« ist öfters und ebenso öfters »von dem Mißverständnis der Minister untereinander« die Rede.

Das allgebietende Faktotum unter Max Joseph bei den Angelegenheiten, auf die es immer und immer wieder bei Hofe hauptsächlich drängte, den Geldbeschaffungen, war der Vizehofkammerpräsident Max Freiherr von Berchem. Er war 1706 geboren und einem Geschlechte angehörig, das aus Österreich stammt, wo im großen Gnadenjahre 1683 die Baronisierung geschehen war. Seine Bildung hatte er in der Ritterakademie zu Ettal erhalten. »Dieser Mann ist«, schreibt in einer Depesche vom 19. Juli 1750 Baron Widemann, »derjenige, welcher dermalen bei allen hier, sowohl bei Hof als in dem Land vorgehenden neuen Kameral-, Finanz- und ökonomischen Einrichtungen das Ruder führet und durch den Kurf. Beichtvater P. Stadler, mit welchem er in genauer und vertrautester Freundschaft steht, bei dem Kurfürsten selbsten wohl angeschrieben ist, obwohl er sonst viele Hasser und Neider hat. Er zeigt an sich eine gute [österreichische] Gesinnung, und wenn ich ihm anderst, wenigsten mit der Zeit von Ew. [...] eine Allerhöchste Gnade und Erkenntlichkeit auch nur von weiten anhoffen machen dürfte, so getraue ich mir, von ihm viele ersprießliche Dienste vor [für] Ew. [...] Allerhöchstes Interesse zu erwirken.« Am 2. September 1751 wird berichtet, daß der Freiherr von Berchem vom Kurfürsten zu seinen vielen Bedienungen auch noch die Generaldirektion über alle Straßen in Bayern erhalten, zu deren Besorgung derselbe auch schon vor mehr als einem Monat von München abgereist sei und mit Besichtigung der zum Teil gemachten Wege gegen Augsburg und Österreich den Anfang gemacht habe.

Berchem ward 1772 von Kaiser Joseph II. in den Grafenstand erhoben. Er starb 1777, nur zwölf Tage vor seinem Herrn. »Er soll ein Vermögen von drei Millionen hinterlassen haben, da man doch in der Kasse des verstorbenen Kurfürsten nicht über 10 000 Gulden gefunden hat. Dieser ungerechte Minister trägt den verdienten Haß und Fluch des ganzen Volks mit ins Grab. Als er noch tot in seinem Hause lag, wurde an die Tür ein Zettel geheftet mit der Aufschrift: ›Hier kann man nun gratis eingehn.‹« So der Bericht bei Schlözer.

Berchem war ein fluchwürdiger Egoist: Geiz und Wollust beherrschten ihn gänzlich. Er suchte zuerst jedesmal seinen Vorteil, dann den des Fürsten und zuletzt den des armen Volkes. Als einst große Geldklemme bei Hof war, schlug Berchem, um schnell ein Erkleckliches zusammenzubringen, ohne weiteres vor, von jedem Bauern, der Getreide auf die Schranne [Verkaufsmarkt] bringe, 12 Kreuzer pro Scheffel zu erheben. Der Kurfürst lehnte das saubere Erbieten mit den Worten ab: »Soll ich noch Räuberhandwerk mit meinem Volke treiben?« Der anwesende, billiger denkende Minister und Oberstallmeister Seinsheim meinte, noch besser wäre, »die Bauern das Getreide gleich ohne weiteres im Schlosse abladen« zu lassen, das brächte doch mehr ein. Indem jedoch Berchem jederzeit den Verlegenheiten des Hofes abzuhelfen wußte, machte er sich zum unentbehrlichen Manne. Um Geld zu beschaffen, bediente er sich der schlechtesten Mittel. Er führte schon 1749 ein neues Lotto ein, und 1760 empfahl er sogar das genuesische Lotto. Es ward an einen Italiener verpachtet, Joseph de Santo Vito. Als dessen Pachtzeit zu Ende war, übernahmen es Kurfürstliche Durchlaucht selbst.

Die verkehrtesten und die despotischsten Verordnungen ergingen, um vorgeblich Ackerbau, Handel und Gewerbe aufzuhelfen. Schon 1748 war ein eigenes Kommerzkollegium errichtet worden, das diese Branche in die Augen fassen sollte. Es faßte sie, aber mit kläglichster Einsicht und ohne allen Erfolg. Ein Mandat von 1769 schrieb »die Größe und Form der Baumaterialien, der Ziegel, Backsteine, des Holzes« vor. Ein Mandat von 1762 ordnete an, zu welchen Stunden das Vieh der

29. Marktplatz in München

Bauern im Stalle und wie lange es auf der Weide sein dürfe. Weiter als in Bayern damals ist die deutsche Regierungsschulmeisterei wohl nirgends getrieben worden.

Zwei Verordnungen aus den Jahren 1747 und 1762 bestimmten die Höhe des Tagelohnes für die Handarbeiter und Werkleute. Wer mehr zahlte, sollte an Geld gestraft werden, wer mehr nahm, ward acht Tage ins Arbeitshaus gesperrt bei Wasser und Brot und erhielt täglich zwölf Peitschenhiebe dazu. Eine anderweite Verordnung von 1763 befahl, Unbemittelte mit Zwang zur Spinnerei anzuhalten, und zwar Erwachsene wie Kinder. »Versehe sich«, heißt es am Schlusse des Mandats, »der Kurfürst der Vollziehung um so mehr, als er sich durch vertraute Leute und heimliche Emissarios [Abgesandte] hierüber informieren lassen und die säumig erfundene Obrigkeit samt den Übertretern als geflissene Verächter seines landesherrlichen Gebotes dergestalt bestrafen« würde, daß es »allen übrigen zum gewahrsamen Beispiel und Schrecken dienen« solle. Laut Mandat von 1769 waren Vaganten und »alle Müßiggänger überhaupt« bedroht, unter das Militär gesteckt zu werden.

Alles das half nichts und konnte in einem Lande gar nichts helfen, wo ein Drittel des Jahres in Feiertagen, Prozessionen und Wallfahrten müßig verbracht wurde. Das Land blieb arm und elend, ohne daß der Fürst – der nicht mit eigenen Augen sah – es wußte, denn man verbarg ihm die Not. Um ihr zu wehren, führte man 1775 sogar Heiratslizenzen ein, die nebenbei wieder eine neue Einnahme gewährten, durchschnittlich 13 000 bis 15 000 Gulden jährlich. Die Not und der Druck im Lande brachten es endlich so weit, daß es auch in Bayern, wie früher schon in dem benachbarten Württemberg, zu einer Auswanderung in Massen kam. Ein bayerischer Bauernsohn, Joseph Caspar Thürriegel von Gossersdorf im Landgericht Mittenfels, geboren 1733, vertraut mit dem elenden Zustande des Landvolkes in Bayern, ward der Stifter dieser Massenauswanderung. Er hatte früher in der Heimat Schreibersdienste verrichtet, dann durch Glück und Mut bei der französischen, nachher bei der preußischen Armee sich bis zum Obristleutnant geschwungen und war sodann nach Spanien gegangen. Hier schloß er mit dem Madrider Hofe unter Vermittlung des Ministers Graf von Aranda und des Intendanten von Sevilla, Graf Olavides, einen Vertrag ab, um die entvölkerte Sierra Morena in Andalusien mit deutschen Kolonisten zu besetzen. Thürriegel reiste hierauf an den Rhein und erließ gedruckte Aufforderungen nach Bayern. Sie trugen den Titel: »Glückshafen oder reicher Schatzkasten, welchen der spanische Monarch zum Trost und Nutzen aller deutschen und niederländischen Bauern, Tagelöhner und Handwerksleute aufgeschlossen hat«. Thürriegel beförderte diese Aufforderungen mit der Post und durch Boten an die Zünfte und wies ihnen Sammelplätze an. In den Jahren 1764 bis 1769 zogen gegen 10 000 Bayern nach dem fernen Spanien aus.

Im ersten Schrecken erließ man 1764 eine Verordnung, worin, »da dieses kecke Unternehmen auf eine ganze Depopulation und Ausödigung Unserer Lande abzielet«, angedroht wurde, daß überführte Anwerber binnen 24 Stunden gehenkt und ihre Entdeckung mit 50 Gulden für einen jeden belohnt werden sollte. Die Auswanderung hatte dennoch ihren Fortgang. Noch jetzt leben die Nachkommen jener Auswanderer aus Bayern unter einträglichen Pflanzungen in den urbar gemachten Höhen und Tälern der Sierra Morena.

Auch unter Max Joseph dauerte die Soldatenverkäuferei noch fort, um Geld für den Hof zu beschaffen. 1738 war der Kopf mit 36 Gulden zu dem Türkenkriege Österreichs verkauft worden, in den Jahren 1746 bis 1749 verkaufte Max Joseph den Kopf um 24 Gulden an Österreich. 1750 kam durch den Gesandten in London, Graf Haslang, ein Vertrag mit den Seemächten zu Hannover zustande. Bayern machte sich verbindlich, auf den Kriegsfall 6000 Mann bereitzuhalten. Dafür erhielt es jährlich 40 000 Pfund Sterling, und nach Stichaners Subsidiengeschichte war ausdrücklich bedungen, daß diese Bayern in Holland bleiben, gar nicht wieder in ihre Heimat zurückkehren sollten. Berchem und der Kanzler Kreittmayr hatten lebhaft die Sache betrieben. »Es sind«, sagte einmal der Kabinettssekretär des Kurfürsten, Erdt, zu dem österreichischen Gesandten Baron Widemann, »Dinge bei Gelegenheit dieses Geschäfts vorgegangen«, die ihm »fast unglaublich« scheinen würden. Selbst der Jesuit Stadler, der allmächtige Beichtvater des Kurfürsten, hatte für diesen Seelenverkauf gestimmt.

Während des Siebenjährigen Krieges beschränkte sich der Kurfürst auf die Gestellung der verfassungsmäßigen Reichshilfe von 6000 Mann, außerdem stand bei Amberg in der Oberpfalz ein Beobachtungskorps von 6000 Mann Infanterie und 500 Reitern. Baron Widemann berichtet über die Verhältnisse der bayerischen Armee unterm 22. Juni 1751 an seinen Hof, daß man in München unter anderen Ersparungs-Einrichtungen die Ausgaben der Militär-Verfassung so viel als möglich zu vermindern sich beschäftige, daß der fällige Fuß von Truppen in 16 Bataillonen und 10 Grenadier-Kompanien Infanterie, dann sechs Regimentern Kavallerie, jedes aus 300 Mann, bestehe und sich daher über 15 000 Mann erstrecke, daß der effektive Stand davon jedoch kaum 6000 Mann ausmache und daß von der Kavallerie der größte Teil unberitten sei, daß ferner der Kurfürst selbst nichts weniger als einen Soldatengeist habe, doch es an Leuten nicht fehle, welche ihm täglich darüber in den Ohren liegen, wovon hauptsächlich die Herzogin Clemens und der Feldmarschall Törring die Triebfedern sind. Dazu setzt der Gesandte noch: »Von den gegen eine Million Gulden sich belaufenden Ersparungs-Einrichtungen auf das Militär kommen allein auf die Offiziere gegen 200 000.«

Das Prinzip der bayerischen Politik war damals dasjenige, das an fast allen deutschen Höfen als einziges galt, mit der rühmlichsten Ausnahme von Preußen, wo noch andere Interessen ins Auge gefaßt wurden – nur Geld zu erhalten. Der kaiserliche Gesandte Baron Widemann berichtet vom Münchner Hofe aus dem Jahre 1750: »Aus dem hier habenden Grundsatze, von allen Seiten Geld und Subsidien zu ziehen, macht man kein Geheimnis mehr, woran die niederträchtige Gedenkensart vieler kleinen, bei dem Kurfürsten Gehör findenden Leute, die große Schulden- und übernommene Zahlungslast, dann die üble Wirtschaft und Einrichtung im Lande sowohl als bei Hofe und das vor allem vorgesetzte Vorhaben, keine andere Absicht als die Verbesserung der Finanzen und die Vermehrung der Einkünfte zum Zweck aller diesortigen Handlungen zu nehmen, die hauptsächlichste Schuld trägt.« Dazu kommt in einer Depesche vom 27. Mai 1751 die Erläuterung: »So sehr man bei diesigem Hofe auf der einen Seite sich beschäftigt, alles auf das wirtschaftlichste einzurichten und fort und fort Mittel und Wege zur Vergrößerung der Einkünfte ausfindig zu machen, so fehlt es doch auf der andern Seite nicht an unnötigen, dem Kurfürsten täglich verursachenden Ausgaben.« Die damaligen Hofbankiers, durch die die Subsidiengeldwirtschaft getrieben wurde, waren die Gebrüder Noker. »Ist«, schreibt einmal Baron Widemann in einer Depesche vom 28. Mai 1750, »der Graf Seinsheim dieser Tagen mit gewissen hiesigen Wechslern (so die Gebrüder Noker heißen) stundenweise eingesperrt gewesen.«

Unter den vielen unredlichen Räten Max Josephs, die nur aufs Plusmachen losarbeiteten, ist einer sehr rühmlichen Ausnahme Erwähnung zu tun, des Grafen Sigismund von Haimhausen. Für ihn wurde im Jahre 1751 das Münz- und Bergwerkskollegium, und zwar dergestalt gestiftet, daß er unmittelbar unter dem Kurfürsten stehen sollte. Das fand große Schwierigkeiten. »Hat sich«, schreibt Baron Widemann am 27. Mai 1751, »der Kammerpräsident (Graf Törring-Gronsfeld), welchen der Beichtvater sehr unterstützt, mit der ganzen Hofkammer stark widersetzt: Ja, es dürfte Graf von Seinsheim wohl auch selbst dawider sein, indem er bishero, nebst andern, eben auch die Hände mit in dem Münzwesen gehabt, welche Gelegenheit sich aber seine Feinde in seiner damaligen Abwesenheit wohl zunutze machen dürften, um dem Kurfürsten gegen ihn den Verdacht eines Eigennutzes beizubringen.« Graf Haimhausen hatte auf seiner Herrschaft Kuttenplan in Böhmen die Bergwerke bedeutend in die Höhe gebracht. Es gelang ihm auch, die bayerischen in Flor zu bringen. Nach Westenrieder hatten dieselben bisher nur die kleine Summe von 7000 Gulden Jahresüberschuß gebracht; er steigerte den Ertrag bis auf 250 000 Gulden. Die Familie Haimhausen, die bayerischen Ursprungs ist und 1692 gegraft ward, erlosch mit dem Grafen Sigismund im Jahre 1793. Zschokke nennt diesen würdigen Herrn, der 77 Jahre alt ward, mit Recht einen der um Bayern wohl verdientesten Männer. Früher schon war der Name Haimhausen von den Grafen Buttler angenommen worden. Dieses Geschlecht, das Geschlecht des Mörders Wallensteins, des Irländers Walther Buttler, dem die böhmische Herrschaft Hirschberg vom Kaiser geschenkt worden war, verkaufte 1722 dieselbe und wandte sich nach Bayern; einer des Geschlechts heiratete in die Familie Haimhausen und erhielt 1722 den Beinamen derselben.

Die oben durch Beispiele illustrierte, auf Hebung der landesherrlichen Finanzen wohl berechnete Ackerbau-, Handels- und Gewerbegesetzgebung ging durch die Hände des Kanzlers Kreittmayr. Im Stil der Mandate ist der Konzipient nicht zu verkennen. Der Staatskanzler, der seit 1745 zum Freiherrn erhobene Wiguläus Aloysius von Kreittmayr, jener »durch und durch altgebackne Altbayer«, ist nächst der Kameralgesetzgebung besonders berühmt durch die neue bayerische Zivil- und Kriminalgesetzgebung geworden, die er in den Jahren 1751 bis 1756 zustande brachte. Zuerst erschien von dieser bajuwarischen Legislatur 1751 der neue, verbesserte Kriminalkodex, sodann 1753 die neue Gerichtsordnung und 1756 das neue Bürgerliche Gesetzbuch. Der Kriminalkodex namentlich war weitläufig und schlecht, ein wahres Blutgesetz, von der Schreckentheorie diktiert. Die Tortur insbesondere, die erst König Max Joseph 1806 aufhob, war gräßlich. Auf bloße Konjektur [Vermutung] hin wurde gefoltert. »Bei verspürender Ohnmacht ist mit der Tortur so lange einzuhalten, bis sich der Delinquent erholt hat.« Namentlich hatte auch der alte Adel das Torturrecht. Auf einen Diebstahl von 20 Gulden stand der Strang, auf Entweihung eines Heiligenbildes das Schwert, auf Hexerei ebenfalls. Seit dem Erscheinen dieses Kodex wurden so viele Menschen in Bayern gehangen, geköpft, gerädert, verbrannt wie beinahe in keinem anderen deutschen Lande. Man hat berechnet, daß im Rentamt Burghausen in den Jahren von 1748 bis 1776 an 1100 Menschen exekutiert worden sind. In München wurden im Jahre 1774 fast jede Woche zwei bis drei Verbrecher gerichtet. Das Volk gewöhnte sich an das Hinrichtungsspektakel so, daß es, wenn die Armesünderglocke geläutet wurde, wie zu einer Lustbarkeit herausrannte, um das rote Tuch vom Rathause wehen und den Henker sein Handwerk verrichten zu sehen.

Der »gute Max« war traurig, schwermutsvoll und finster bei der immer und immer wiederkehrenden Nötigung, Todesurteile zu unterschreiben, aber seine Räte und Höflinge bestärkten ihn in der Meinung, das Volk sei »nur mit Schrecken in Zaum und Ordnung« zu halten, es habe »kein Ehrgefühl und keine Bildung«. Todeswürdige feingebildete und wohlerzogene Verbrecher von adligem Stande genossen wie in Österreich die Gnade, bei der Hinrichtung wenigstens von unwürdigen bürgerlichen Augen nicht gesehen zu werden. Trotz der vielen Exekutionen verringerten sich aber die Verbrechen gar nicht, da die große Lebensnot blieb. Was der gutmütige und wohlgesinnte Kurfürst tun konnte, tat er. Den Amtsexzessen der Beamten, selbst der höheren, setzte er sich mit Strenge entgegen. Ein vielgeltender Graf, berichtet Zschokke, hatte einmal einem Unterbeamten 12 Stockstreiche gegeben, Max Joseph entschied: »Der Graf zahlt ihm Schmerzensgeld, für jeden Streich 1000 Gulden.« Der Graf mußte gehorchen. Um die größten Übelstände der feilen Gerechtigkeit zu kontrollieren, stiftete der Kurfürst ein Revisionsgericht. Er selbst behielt sich darin den Vorsitz vor.

Die wichtigste Stiftung des Kurfürsten Max Joseph war eine Stiftung »für Ehrgefühl und Bildung« – die der Akademie der Wissenschaften zu München im Jahre 1759. Er bestätigte dieselbe trotz der Gegenvorstellungen, die ihm namentlich seitens seines Beichtvaters Stadler gemacht wurden. Mit dieser Stiftung wurde die seit Friedrich dem Großen sich allgemein in Deutschland regende Aufklärung endlich auch in dem seither ganz von Jesuiten beherrschten Bayern eingelassen und in weiteren Kreisen verbreitet. Es erschienen in Bayern nun endlich auch wissenschaftliche Bücher, und solche, die bisher geherrscht hatten und die Titel führten: »Teufelspeitsche«, »Christliche Handpistolen« und »Die geistlichen, Leib und Seele zusammenhaltenden Hosenträger«, wurden verdrängt. Lange aber noch arbeiteten die Jesuiten gegen die neue Akademie. Sie legten dem Kurfürsten zuletzt ein langes Verzeichnis der in Bayern lebenden Freigeister vor, aber dieser warf es mit den Worten ins Feuer: »Wie? Sind das nicht meine besten Leute? Wen hat das Land, wenn die fehlen?« In Landshut führten die Schüler der Jesuiten sogar ein Schauspiel auf, wo Max Josephs Neuerungen als Pfeile der Hölle wider das Seelenheil der frommen Bayern dargestellt wurden. Der Kurfürst ließ den Verfasser des Landes verweisen.

Welcher tiefer Aberglaube und welche grobe Unwissenheit damals in Bayern herrschten, beweist am besten ein ausführliches Landverbot, das unter Max Joseph »gegen Aberglauben, Zauberei und Teufelskunst« noch im Jahre 1746 erlassen wurde. Allgemein ging das Weissagen aus Sternen, Kristallen, Ringen und Sieben im Schwange, schaurige Vorkehrungen traf man dazu besonders in den Nächten des Christfestes, des Andreas- und Thomastages. Zu Wundermitteln suchte man Alraunwurzeln und Farnsamen. Zauberpulver brannte man aus Totengebeinen. Man trieb mit Vorliebe Schatzgräberei. Man bannte Gewitter, Ratten und Mäuse. Man ließ sich den Wundsegen erteilen, um sich hieb- und stichfest zu machen, besonders liebte man es, Häute zu tragen, in denen Kinder zur Welt gekommen waren. An Türen, Truhen, Betten schrieb man Zaubersprüche und Segen zum Schutz wider die Macht des Satans. Eltern verschmähten ärztliche Hilfe am Sterbebette ihrer Kinder, wenn das Segnen der Priesterhand nicht anschlug. Landleute ließen ihr Vieh ohne Hilfe, wenn es behext hieß. Man glaubte, daß Waffen aus Ketten der am Hochgericht aufgehangenen Verbrecher besondere Kraft hätten, nicht minder Nadeln von Kleidern, die die Toten in den Särgen getragen. Man hatte Waffensalben, die selbst die in größter Entfernung geschlagenen Wunden heilen sollten. Viele Klöster erwarben sich Ruf und Reichtümer durch ihre geweihten Kräuter, Lukaszettel und Brustsäckchen, die gegen Teufel und Hexen Wunder tun sollten, das Benediktinerkloster Scheyern verkaufte allein deren jährlich an 40 000. Besonders waren die Kapuziner – die erkorenen Lieblinge des Volkes, die ihm Heiraten stifteten und Dienstmägde verdungen – berühmt in der Kunst, Kräuter und Wurzeln zu segnen und, in Säckchen genäht, als unfehlbare Schutzmittel wider Hexerei, Viehkrankheit und andere Übel verkaufsweise anzubringen. Der Papst hatte ihnen schon im Jahre 1652 ein eigenes Privilegium erteilt. Sie bannten auch Kobolde und verstanden andere Geheimnisse, die ihnen großes Ansehen machten. Als es aber 1670 in ihrem eigenen Kloster Straubing Spuk gab, wollte es ihnen doch nicht gelingen.

Dagegen hatten die feinen Jesuiten zu Ende des 17. Jahrhunderts mit einem Stücke vom Kreuze Christi das Deutschordenshaus zu Öttingen beruhigt, in welchem vor Geistern und Gespenstern seit 40 Jahren nicht mehr zu bleiben gewesen war. Zu Großhausen im Rentamt München war 1725 eine Jesuitenbrüderschaft des heiligen Xaver gegen den Hagel gestiftet worden. Am Himmelfahrtsfeste wurde hauptsächlich geistliche Hilfe gegen Hagel praktiziert. Es wurde da in den Kirchen auf dem Lande vom Gewölbe herab eine brennende, scheußliche Lumpengestalt gestürzt, das Volk balgte sich um die Fetzen, denn man glaubte steif und fest, sie könnten, in den Feldern aufgesteckt, Hagel und Schloßen abwenden. In den Städten und Märkten trugen Handwerker die Bilder ihrer Heiligen unter Trommel- und Pfeifenklang über die Gassen, um damit fruchtbares Wetter zu machen. Kam kein Regen, so warf man die Heiligen ins Wasser.

Sehr expressiv sind die Auslassungen des berühmten französischen Astronomen Cassini über den Stand der Frömmigkeit und der Wissenschaften in Bayern und Österreich in seiner Beschreibung der wissenschaftlichen Reise, die er in Deutschland im Jahre 1762 auf Befehl des Königs unternahm, um auf der Linie von Paris nach Wien die Größe der Längengrade in bezug auf die Gestalt der Erde zu bestimmen. »So sehr«, schreibt der gelehrte Mann, »die deutschen Fürsten die Wissenschaften kultivieren und beschützen, so wenig Neugier zeigen die Bayern und Österreicher – welche niemals ihr Vaterland verlassen noch irgend anderswoher andre Kenntnisse geschöpft haben, als die, die sie in ihrer Jugend von wenig unterrichteten Lehrern erlangt haben –, das zu wissen, was über ihren Horizont reicht und was nicht direkt auf das Fortkommen im Leben Bezug zu haben scheint. Ich habe niemals bei ihnen Schwierigkeiten gefunden, aber auch sehr selten eine Erleichterung oder Aufklärungen, wie ich sie mir gewünscht hätte, erfahren, um meine Reise nicht bloß erfolgreich in bezug auf Geographie, sondern auch auf Naturgeschichte zu machen. Viele waren ganz verwundert, daß ihr Landesherr eine Unternehmung befördere, welche sie für schrecklich ansahen. Es war in den Patenten, die ich hatte, der Perpendikularlinie [lotrechten Linie, Längengrad] vom Observatorium zu Paris Erwähnung geschehen: Sie glaubten, daß diese Linie alles durchbrechen und umreißen müsse, was sich in ihrer Richtung befände; sie fürchteten selbst die Influenzen [Einflüsse] dieser Perpendikulare. Man hat mir sehr angelegentlich und selbst auf den Wegen der Bestechung zugesetzt, die Richtung meiner Linie zu ändern, zu einer Zeit, wo sie unglücklicherweise keinen Gegenstand fand und ich genötigt war, mich weit von ihr zu entfernen, um sie zu finden [...]

In Passau hatte mir der Bischof auf dem Gipfel eines bewaldeten Berges seines Territoriums, und zwar auf den mächtigen Zweigen eines ungeheuren Baumes, der über alle anderen hinausragte, ein sonderbares Gerüst, eine Art astronomischen Turm, bauen lassen, mehr als

100 Fuß hoch, zu dem man auf einer Treppe heraufstieg, sechs Etagen hoch. Man hielt dieses Gerüst für äußerst vorteilhaft für das Land, man glaubte, es sei dazu bestimmt, ein wundertätiges Bild darauf zu stellen. Die Leute waren von allen Ecken und Enden herbeigelaufen, sie näherten sich der Maschine mit Ehrfurcht, küßten die Hand des Zimmermanns, der sie gebaut hatte, und boten ihm Geld an, um heraufsteigen zu können [...] Ich erfuhr das alles erst nach meiner Rückkehr: Ich kam von einem berühmten Wallfahrtsorte in Österreich zurück, der ebensosehr in Bergen eingeschlossen als der neue in den Lüften erhöht war – von Mariazell. Der Wunsch, ein so schönes, zu Ehren der Wissenschaften erbautes Monument in einem Lande, wo sie so wenig bekannt sind, so lange als möglich gegen die Unbilden der Zeit zu erhalten, ließ mich auf das einzige Mittel denken, mich seiner Zerstörung zu widersetzen: Ich befestigte eines der Bilder, die ich von meiner Wallfahrt mitgebracht hatte, auf dem Gipfel des Baumes, welcher das astronomische Gerüst trug [...]

Zuweilen war ich ganz verwundert über den schmeichelhaften Empfang, den ich an einigen Orten erfuhr. Ich habe aber sehr lachen müssen, als ich erfuhr, daß ich denselben einem Scherze verdankte, den sich einer meiner deutschen Bedienten gemacht hatte: Er hatte in allen Dörfern, durch die ich durchkam, das Gerücht verbreitet, ich sei ein Franzose und ein alter Sünder, der sein Vaterland verlassen, Buße tun und einen hohen Berg aufsuchen wolle, um dort eine Einsiedelei zu bauen und den Rest seiner Tage zuzubringen. Man hat Missionare gesehen, welche zur Astronomie ihre Zuflucht nahmen, um die katholische Religion in einem der barbarischsten Länder einzuführen; hier aber wird man (was den Bayern und Österreichern Ehre macht) einen Astronomen erblicken, welcher zur Religion seine Zuflucht nimmt, um einen guten Empfang bei ihnen zu erhalten [...]

Trotz des Alarms, den ich in Bayern angerichtet habe, habe ich mich überzeugt, daß das Volk gutmütig, mitleidig und einzig mit seiner wesentlichsten Pflicht, der Religionsabwartung, beschäftigt ist. Wenn ich sie um einige Aufklärungen ersuchte, wobei ich mich offenbar nur nicht deutlich ausdrückte, griffen sie immer zuerst nach dem Geldbeutel, um mir Geld anzubieten – welches sie für das erste Bedürfnis eines

Reisenden ansahen, besonders eines Gelehrten, von dem sie sich nicht die Vorstellung machten, daß er mit Glücksgütern gesegnet sein könne. Allen den Beistand, alle die Hilfe und Gunst, die die Pässe ihrer Landesherren mir zukommen zu lassen anbefahlen, legten sie auf Geldunterstützungen aus, und hätte ich auf meiner Reise nur mein Lebensfortkommen gesucht, ich würde es in dem reichsten Überflusse gefunden haben. Ich muß, ohne die Absicht zu haben, ein Volk unangenehm zu berühren, das mit vollem Rechte überzeugt ist, daß die Weisheit ihres Landesherrn hinreicht, es zu erleuchten und wohl zu führen, mich entschuldigen, daß ich nicht alles für meinen Zweck getan habe, was ich hätte tun können, wenn ich von den Leuten des Landes unterstützt und aufgeklärt worden wäre.«

Gegen den in dem Bericht Cassinis traurig exemplifizierten groben Aberglauben und gegen die tiefe Stupidität, die in Bayern herrschten, traten endlich die Männer der Akademie der Wissenschaften und am nachdrücklichsten dann auf, als unter Max Joseph im Jahre 1774 der Unfug durch den Teufelsbanner Gaßner aufs höchste steigen sollte. Gaßner, ein Schwabe, war ein katholischer Pfarrer zu Klösterle im Bistum Chur in Graubünden. Er hatte sich durch ununterbrochenes Forschen in den geheimnisvollen Schriften der berühmtesten Magiker die Erkenntnis verschafft, daß die meisten Krankheiten von bösen Geistern herrühren und daß man ihnen durch Segensprechungen und Gebete erfolgreich begegnen könne. Er hatte angefangen, sich als Thaumaturgen [Wundertäter] an seinen Pfarrkindern zu erweisen, und großes Aufsehen in der Schweiz erregt. Er begann nun, in den umliegenden Ländern umherzuziehen, zu Meersburg am Bodensee, der Residenz der Fürstbischöfe von Konstanz, fing er seine großen Wunderkuren an. Als aber der Bischof von Konstanz Zweifel an seiner Wundertäterei aussprach und ihm riet, in seine Pfarrei zurückzukehren, verließ er ihn und suchte Prälaten von stärkerem Glauben auf. Im Jahre 1774 erhielt er von dem Erzbischof von Regensburg einen Ruf nach der Propstei Ellwangen in Schwaben. Hier empfing ihn eine ganze Schar von Hilfsbedürftigen. Von nahen und fernen Landen strömten Kranke an Krücken und in Kutschen herzu, bei 20 000 Menschen, um des großen Glaubensmannes Machtsegen zu empfangen, den er mit dem Worte: »Cesset! Fahre aus!« zu erteilen pflegte. Man war schon froh, wenn man nur seine Schatten berühren konnte. Ein Mitglied der Münchner Akademie, der Theatiner Don Ferdinand Sterzinger, ein Tiroler, gestorben 1786, begab sich nach der Propstei Ellwangen, und es gelang ihm, dem Volke zu erweisen, daß der Thaumaturg teils gesunde Personen die Rolle der Kranken spielen ließ, teils daß auch seine Kuren bei wirklich Leidenden nur so lange anschlugen, als ihre Phantasie von der mächtigen Überredungskunst des Beschwörers der bösen Geister erhitzt blieb. Diese den Pfaffen in Bayern unwillkommenen Entdeckungen untergruben den Glauben an die Wundertäterei bedeutend, Gaßner ward Gegenstand des öffentlichen Spotts und Gelächters und starb in der Diözese seines Gönners, des Erzbischofs von Regensburg, als Pfarrer zu Pondorf schon im Jahre 1779.

Einen noch empfindlicheren Angriff erfuhr der bayerische Klerus durch ein anderes Mitglied der Akademie, den Geheimen Rat Peter von Osterwald, einen Nassauer, gestorben 1778. Osterwald ließ 1766 eine Schrift über die Immunität der Geistlichen ausgehen, worin er mit Gründen der Geschichte und des Rechts zu erweisen suchte, daß die Kirchen und Klöster zu Unterstützung eines Staates, dessen Schutz sie genössen, auch Abgaben zu entrichten schuldig seien. Sofort ließ der Bischof von Freising das Buch an allen Kirchtüren seines Sprengels verdammen. Aber Max Joseph ließ die Verdammungsurteile abreißen und nahm den Autor in Schutz, er machte ihn sogar zum Direktor des 1769 neu angeordneten geistlichen Ratskollegiums. Dieses Kollegium erhielt den Auftrag, die landesherrlichen Rechte in geistlichen Sachen zu wahren, eine Folge davon war: die bedingte Genehmigung der Regierung zum Erlaß geistlicher Verfügungen, die Zulassung landesherrlicher Kommissarien zu den Prälatenwahlen, das Verbot der Ordensprofeß [Ablegens der Ordensgelübde] vor dem 25. Lebensjahre und die untersagte Verbindung der Orden mit ausländischen Oberen.

Im Jahre 1773 hob endlich Papst Clemens XIV. Ganganelli den Jesuitenorden auf, nachdem er über 200 Jahre bestanden und mindestens 200 000 Glieder gezählt hatte. Er hatte sich in der letzten Zeit noch sehr durch seine Missionen in China ausgezeichnet. Ein bayerischer Jesuit, Pater Castner von Ingolstadt, war 1694 dahin gegangen, war Lehrer des

Thronerben und Vorsteher der mathematischen Anstalten geworden, 1703 auf einige Zeit nach Rom zurückgekehrt und dann 1709 in China gestorben. Zu Peking starb ferner im Jahre 1771 Pater Goggeisl aus München, in Ingolstadt gebildet. Er hatte sich 26 Jahre lang in China aufgehalten und war Mandarin und Vorsteher der kaiserlichen Sternwarte geworden, für die er auch die Instrumente selbst gefertigt hatte. Ebenso war der bayerische Jesuit Pater Stocker sieben Jahre lang Missionar in Indien und Pater Beyert 17 Jahre lang, 1751 bis 1768, Missionar in Kalifornien gewesen. Die ganze deutsche Assistenz der Jesuiten in ihren zehn Provinzen zählte zur Zeit der Aufhebung des Ordens 6713 Glieder, darunter 2780 Priester. Die Zahl der Kommunikanten in den Jesuitenkirchen der oberdeutschen und der seit 1770 davon ausgeschiedenen bayerischen Provinz hatte sich im Jahre 1772 auf über zwei Millionen belaufen und die Zahl der Proselyten [Neubekehrten] dieses einzigen Jahres auf über 200. Der Orden war zuletzt im Besitz von sechs ehemaligen Klöstern und sonst sehr ansehnlichen Gütern. Es bestanden in Bayern die Kollegien zu München, Ingolstadt, Altötting, Straubing, Landsberg, Landshut, Mindelheim, Burghausen, in der Oberpfalz war das zu Amberg. Dazu kamen noch zwei Residenzen, kleinere Häuser zu Ebersberg und Biburg. Im Ingolstädter Kollegium allein fand man beim Inventieren einen Aktiv-Vermögensstand von mehr als drei Millionen Gulden.

Nach der Aufhebung des Jesuitenordens konnte der neue Geist der Aufklärung sich nun auch in die Schulen, die bisher unter der Jesuiten ausschließlicher Leitung gestanden hatten, verbreiten. Nun endlich konnten Schritte zur Bildungsmündigkeit des Volkes gemacht werden, die bisher beständig durch die Vormundschaft der Jesuiten aufgehalten worden war. Als Max Joseph starb, hatte Bayern wirklich größere Fortschritte in der geistigen Ausbildung gemacht als früher in keinem Jahrhundert. Aber der Tod rief diesen wohlwollenden Mann frühzeitig ab, und eine spätere Regierung trat noch einmal die gepflanzten Keime der freieren Entwicklung nieder.

Max Joseph hatte immer gegen die Pocken einen unüberwindlichen Abscheu geäußert. Sein Schwager, Kurfürst Friedrich Christian von Sachsen, war vor 14 Jahren, erst 41 Jahre alt, an dieser Krankheit

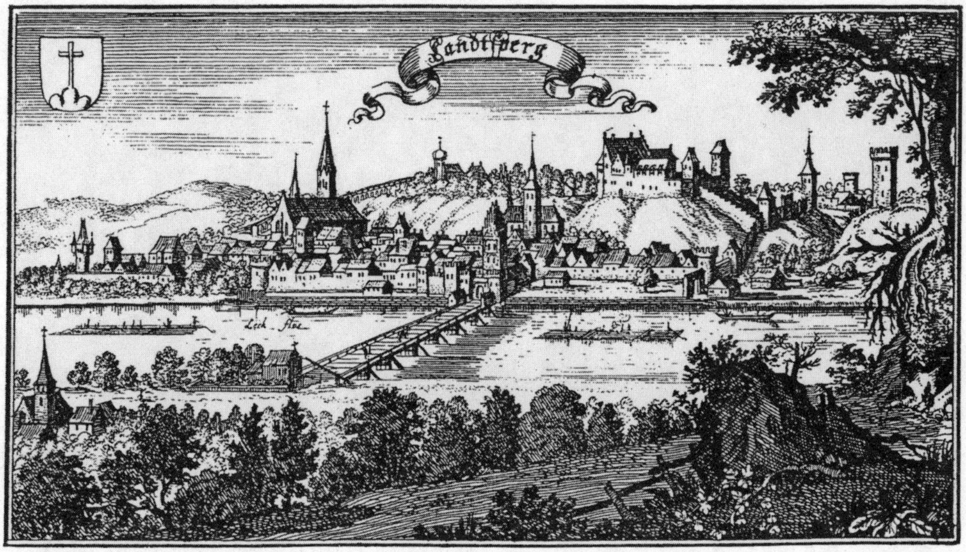

30. Landsberg am Lech

gestorben. Max Joseph hatte nicht den Mut gehabt, sie sich, wie Catharina II. tat, einimpfen zu lassen. Alle Vorsicht, die man brauchte, war nicht hinreichend, ihn zu schützen. Eine junge Dame von Stande, Madame de Riva, die gerade am Hof zu Besuch war und in dem kurfürstlichen Palais wohnte, ward von den Blattern überfallen. Die Art ihrer Krankheit ward sorgsam vor dem Kurfürsten verborgen gehalten; aber ihr Großvater, der an ihrem Bette gewesen war, kam unvorsichtigerweise unmittelbar darauf in das Zimmer, wo der Kurfürst Billard spielte. Er hatte kaum ein paar Minuten im Zimmer verweilt, als dieser ausrief: »Jemand ist hier, der die Blattern hat, ich fühle es!« Und sofort legte er das Queue weg und zog sich in sein Kabinett zurück.

Am 8. Dezember 1777 abends, als der Kurfürst von den Feierlichkeiten des Festes der St. Georgenritter in sein Schlafgemach zurückkam, fühlte er sich krank. Er versuchte zwar, am anderen Morgen einer Hirschjagd, die bestellt war, beizuwohnen, es überfiel ihn aber ein Zittern, und er mußte umkehren und sich legen. Die Krankheit, ein Ausschlag am ganzen Körper, behandelte der alte, unwissende, pfäffisch bigotte und dabei doch höchst dünkelhafte, grobe Leibarzt Sänfftl als unbedeutende Masern – es waren aber die Pocken. Dieser moderne Äskulap Sänfftl gab dem Kurfürsten ein Muttergottesbildlein zu schlucken und rief dem mit den Sterbesakramenten kommenden Beichtvater zu: »Er schluckt!« Der Brand war hinzugetreten, der Kopf in einer furchtbaren Weise angeschwollen, man konnte kaum noch die Züge erkennen. In diesem jämmerlichen Zustande lag der Kurfürst zwei ganze Tage. Getötet von dem üblen Doktor, starb er, indem er leider wohl sah, in welchen Händen er war, aber es nicht ändern konnte. Max Joseph starb am 30. Dezember 1777 unbeerbt, 52 Jahre alt. Das allgemeine Jammern des ihm mit höchster Liebe zugetanen Volkes folgte ihm nach. Es gedachte des plötzlichen Todes des für den spanischen Thron bestimmten Joseph Ferdinand 1699 und murmelte von Vergiftung, vor der Max Joseph allerdings wie vor den Pocken sein ganzes Leben lang Furcht gehabt hatte. –

Über die Physiognomie des Münchner Hofes unter Max Joseph haben wir durch einen sächsischen Herrn ein Bild erhalten. Während des Siebenjährigen Krieges, am 26. Juli 1762, ward der damals 26jährige Graf

Friedrich Ulrich Lynar in Nymphenburg durch den sächsischen Gesandten Graf Callenberg dem Hofe vorgestellt und berichtet darüber in seinem Reisejournal, das Bernoulli in seinem Reisebeschreibungs-Archive mitteilt, also: »Graf Callenberg präsentierte mich nach Ende der Messe dem Kurfürsten, seiner Gemahlin, seiner Schwester Josepha und der Herzogin Clemens [...] Es ist hier die Etikette, daß man vor den fürstlichen Personen einen spanischen Knicks macht; aber Fremde brauchen nur eine sehr tiefe Reverenz zu machen [...] Der Hof war heute ungemein glänzend und zahlreich; man sah viel schöne, prächtige und geschmackvolle Kleider, aber auch viele alte Röcke, die man nicht am Hofe gesucht hätte. Es waren auch viele Offiziers da. Allein die Livreen der Bedienten und Heiducken sahen mitunter schlecht genug aus [...]

Die vier fürstlichen Personen aßen heute mittag ganz allein in dem großen Saal, während der Zeit von der Hofkapelle schön musiziert wurde, und wir andern machten eine Zeitlang die Cour; endlich setzten wir uns unten allerseits an eine Marschallstafel von vierzig Couverts. Das Essen war sehr mittelmäßig, indessen zum Überfluß, und wurden zuletzt viel fremde Weine herumgereicht. Wir saßen nicht lange, nach Tische retirierten sich die fürstlichen Personen [...] Gegen halb sieben Uhr fanden sich fast alle Damen aus der Stadt oben im Vorgemach ein, ungefähr einige 20 [...] Sie waren alle ziemlich reich geputzt und mit Juwelen versehen. Sie haben insgemein Verstand und viel Angenehmes und Freies an sich, man findet auch vorzüglich schöne Figuren, sie sind gegen Fremde höflich und gesprächig, und sonderlich spricht alles französisch, ja, man hört auch hier und da italienisch sprechen. Man sagt den hiesigen Damen Unterschiedenes nach; welches ich zwar unentschieden lasse, so aber indessen nicht alles Verleumdungen sein mögen: als daß sie sehr kokett, sehr wenig gesellig unter sich und gewaltig eifersüchtig sein sollen [...] Von großen Diners und Soupers hört man gar nichts, der Karneval soll aber sehr brillant sein [...]

Um sieben Uhr ging alles hinunter in die Gartenstuben auf ebenen Boden, und weil es so schönes Wetter war, so beliebte der Hof, im Garten unter freiem Himmel zu spielen. Die vier fürstlichen Personen spielten zusammen Trisett, stunden aber wechselsweise auf und ließen andern das Spiel nehmen. Die Hofdamen und die andern machten auch ihre Partien [...] Um zehn Uhr ging man zur Tafel, und die sämtlichen fürstlichen Personen speisten an einer Tafel von 80 Couverts. Wie es bei großer Herrn Tische zugeht, so ist es auch hier: Alles ist kalt, und man kriegt von den vielen Gerichten wenig zu essen, sonderlich wenn die Bedienung so schlecht wie hier ist. Abends um halb zwölf war alles aus, und ich fuhr nebst den andern wieder nach München.«

Tags darauf, 27. Juli, besuchte Graf Lynar Schleißheim. »Abends ging ich in die Opera buffa, darin sehr elend ›Le Statue‹ vorgestellt wurde. Es ist ein ordentlicher, großer Saal, darin die Entrée 36 Kreuzer kostet [...] Vor dem Saal ist ein kleines Orchester und ein Theater, darauf drei Personen agieren; es wird auch ein elendes Ballett vorgestellt, aber niemand gibt Achtung; man spielt, plaudert oder geht herum. Der Hof kommt selten hinein, es ist alle Wochen nur einmal und wird von dem alten Herrn von Seeau unterhalten, der dabei sehr viel zusetzt, aber als ein reicher Mann es nicht fühlet.«

Nachdem Max Joseph in den Jahren 1752 bis 1765 das neue Schauspielhaus für die italienische Oper hatte erbauen lassen, pachtete Graf Seeau 1776 das alte für das deutsche Schauspiel. Die französische Truppe ward darauf verabschiedet. Die Kurfürstin begünstigte das deutsche Schauspiel. Seit dem Jahre 1771 hatte der Augsburger Nießer, ein Rechtskandidat, das deutsche Schauspiel eingebürgert. Das erste Stück, das man 1771 im Färberbrauhause aufführte, war »Die Wirtschafterin« von Stephani. Das erste deutsche Singspiel, das man gab, brachte 20mal hintereinander ein volles Haus. Der Enthusiasmus fürs deutsche Theater war so groß, daß 1772 bis 1776 insgesamt 41 teils eigene Stücke, teils Übersetzungen von Bayern auf die Bühne kamen. Darauf übernahm 1776 Seeau die Pacht des deutschen Schauspiels. Seeau erscheint noch 1782 als Theaterintendant. Sein Nachfolger war Graf Clemens Törring-Seefeld.

»28. Juli mittags«, fährt Graf Lynar fort, »war ich in Nymphenburg und speiste an der kurfürstlichen Tafel nebst andern Fremden. Der vornehmste Platz ist allezeit der Herrschaft gegenüber. Der Kurfürst hat immer zur Rechten seine Schwester und zur Linken die Gemahlin;

wenn die Herzogin Clemens kommt, so ist sie gleich bei der Kurfürstin plaziert. Hernach kommen auf beiden Seiten die Oberhofmeisterinnen und Hofdamen, da immer zwei und zwei wochenweise in ihren Diensten abwechseln. Heute traf ich den Hof ganz leer und schlecht gekleidet an, so wie er alle Tage sein soll, so daß man ihm die kurfürstliche Herrlichkeit nicht ansieht. Das Essen ist auch nicht zum besten zugerichtet und war oft kalt serviert, die Tafel wird von Pagen und Lakaien bedient; erstere warten nur der Herrschaft auf. Nach Tische retiriert sich jeder in seine Stube, und abends kommen ein- bis zweimal wöchentlich Damen aus der Stadt, die in der Cour Partien machen und hernach beim Souper bleiben, der Hof spielt aber immer unter sich [...]

Ich blieb nicht lange, sondern fuhr wieder nach München und ging abends mit dem Grafen von Callenberg zur Gräfin Haimhausen [...] Es werden zwar in diesen Gesellschaften, da man den Fremden alle Höflichkeit erzeigt, die aber niemals auf ein Souper hinauslaufen, allerhand Kommerzspiele [...] gespielt [...] Abends um neun Uhr, als meine Partie Trisett zu Ende war, verließ ich die Gesellschaft und ging auf des Grafen Callenberg Anraten in das alte Schloß zu dem Herzog Clemens von Bayern. Dieser Herr ist ganz still und spricht nicht viel [...] Alle Abende von neun bis 11 Uhr ist bei ihm Konzert, und bisweilen kommen die Damen aus der Stadt auch dahin, um ihm die Cour zu machen; sehr selten aber kommt die Herzogin dazu, als welche immer in der Einsamkeit und mit Lesen und Schreiben ihre Zeit zubringt, zuweilen aber und an den großen Gala-Festtagen hinaus nach Nymphenburg fährt. Ich ließ mich also an den Herzog präsentieren, der ein paar Worte auf französisch mit mir sprach. Es kam aber just heute abend die Herzogin zum Vorschein, welche mich in sehr schönem, ausgesuchten Französischen auf die gnädigste Art von der Welt ansprach und sich mit mir eine lange Zeit unterhielt. Sie mischte ihre liebreichen Unterredungen, die meistens das jetzige allgemeine Elend der Menschen im Kriege betrafen, mit von Personen ihres Standes mir ganz fremd vorkommenden moralischen Reflexionen, davon ich ganz eingenommen wurde und die mir für diese Prinzessin viel wahre Hochachtung einflößten. Sie ist auch von einem sehr liebenswürdigen Charakter, und ihr leutseliges Wesen gegen alle Menschen gewinnt ihr alle Herzen, so daß sie hier jedermann liebet und ehret und bedauert. Sie zeigt auch vielen klugen Witz in ihren Reden und sucht oft durch muntere Einfälle die auf ihrem Gesicht gemalte Traurigkeit zu unterdrücken und zu verbergen.«

Über diese Dame läßt sich einmal der wiederholt angeführte kaiserliche Gesandte Baron Widemann in einer Depesche an seinen Hof vom 13. September 1751 aus, daß die Herzogin Clemens sich täglich bei dem Kurfürsten mehr einschmeichele, so zwar, daß es bei der Kurfürstin selbst Empfindlichkeit erwecke und daß hierunter viele kleine Hofintrigen vorgehen. »Die Herzogin«, äußert er in einer späteren Depesche vom 23. April 1752, »besitzt die Kunst, sich zu verstellen, in der größten Vollkommenheit.« Ihr Favorit, der alles über sie vermochte – berichten die Depeschen – war ihr Schwager, Pfalzgraf Friedrich von Zweibrück, der Vater des ersten Königs Max von Bayern. –

Der Hofstaat des Kurfürsten bestand aus dem Obristhofmeisterstab. Unter dem Obristhofmeister fungierten 1746: der Stabs-Kommissar, der kurfürstliche Beichtvater, der Hofprediger, acht Hofkaplane, vier Leib- und zwei Hofmedici und drei Leibapotheker, vier Ballett- und Hoftanzmeister, die Kapelle, die Kammermusik – beide zusammen an die dreißig Personen –, die kurfürstliche Leibgarde-Hatschiere, die kurfürstliche Leibgarde-Trabanten, die kurfürstliche Hauskämmerei und Hofschneiderei, das kurfürstliche Hofbauamt, die kurfürstlichen Burg- und Residenzpfleger und die Hofkünstler, der Grottenmeister, Marmorator, Geometer, Buchdrucker und so weiter. Hinzu kamen der Obristkämmerer-Stab – 1763 war die Zahl der Kämmerer auf 331 gestiegen; Kammerdiener waren 1747 neun, 1763 acht – und der Obristhofmarschalls-Stab. Zu letzterem gehörten der Obristkuchenmeister, der Obristsilberkämmerer, die kurfürstlichen Truchsesse, das kurfürstliche Hofkuchenamt mit 65 Personen, die 20 Tafeldecker und Silberdiener und die kurfürstliche Gärtnerei mit 13 Personen. Dem Obriststallmeister-Stab gehörten an: der Vize-Stallmeister, die kurfürstlichen Edel- oder Kammerknaben – 1747 waren es 17 – die kurfürstliche Instrumentalmusik mit 51 Mitwirkenden im Jahre 1746, die kurfürstlichen Hof- und Feldtrompeter, das Hoffuttermeisteramt, die Reitschule, 39 Hoflakaien, zwei Hofzwerge, 14 kurfürstliche Sesselträger und die

»an- und unangeschaffte Stallpartei«, ein Troß von 239 Personen, dabei 124 »Kostgänger«. Dazu gehörten noch das Oberjägermeisteramt und das Obristfalkenmeisteramt.

Der Ziviletat vom Jahre 1767 bestand aus vier Geheimen Konferenzministern. Außerdem waren 1767 noch nicht weniger als 35 Wirkliche Geheime Räte und neun Wirkliche Räte, die zum Ministerium gehörten. Außer dem Ministerium bestanden 1767 folgende Behörden: die Geheime Finanzkommission, das Revisionsgericht, der Hofrat, der geistliche Rat, der Hofkriegsrat, die Hofkammer, das Maut-Direktorium, das Kommerzien-Kollegium und das Münz- und Bergwerkskollegium. Diese Kollegien insgesamt waren mit reichlichen, von Jahr zu Jahr gesteigerten Zahlen von Räten auf der Ritterbank und der gelehrten Bank sowie mit einem ganzen Schwarme Sekretären, Registratoren, Kanzlisten und dergleichen versehen. Hinzu kamen noch die fünf Regierungen zu Ingolstadt, Landshut, Straubing, Burghausen und zu Amberg für die Oberpfalz.

Personenregister

Das Personenregister enthält die im Text namentlich erwähnten Einzelpersonen ausschließlich der nach ihnen benannten Einrichtungen, Örtlichkeiten und Denkmäler; Personen gleichen Namens und Ranges sind zusammengefaßt. Die historische Schreibweise wurde weitgehend beibehalten.

Zu den Abbildungen

1. Tanzfest am Hofe Herzog Albrechts IV., des Weisen. Kupferstich des Monogrammisten M. Z. (Matthäus Zasinger, tätig um 1500 in Süddeutschland). Hinten im Erker der Herzog, der mit seiner Gemahlin Karten spielt; im Vordergrund links ein Aufseher, der mit dem Stock neugierige Zuschauer vertreibt
2. Übergabe der Augsburger Konfession 1530 an Kaiser Carl V. (links unter dem Baldachin). Kupferstich
3. Johann Eck, eigentlich Johann Mair aus Eck bei Memmingen. Kupferstich. Anfang 16. Jahrhundert
4. Johann Turmair, genannt Aventinus. Holzschnitt von Hans Seebald Lautensack (1524 bis zwischen 1561 und 1566)
5. Herzog Albrecht V., der Großmütige. Kupferstich von Philipp Bennewitz, genannt Apian (1531 bis 1589). Aus der ›Chronographia Bavariae‹ (1568)
6. Orlando di Lasso. Kupferstich von Johann Sadeler (1550 bis 1600)
7. Herzog Wilhelm V., der Fromme, und seine Gemahlin Renata von Lothringen. Kupferstich nach einer Medaille von 1585 zur Grundsteinlegung der Sankt-Michaelis-Kirche in München
8. Landshut. Kupferstich. Aus dem ›Chur-Bayerischen Atlas‹ (1687)
9. Jesuitenkollegium in München. Kupferstich von Matthäus Merian d. Ä. (1593–1650). Aus der ›Topographia Bavariae‹ (1644)
10. Spätmittelalterliche Strafen. Holzschnitt aus dem Augsburger ›Laienspiegel‹ (1509). Verbrennen, Ertränken, Hängen, Köpfen, Rädern, Stäupen, Blenden, Abschlagen der Hand; das in der Mitte dargestellte Ausdärmen war eine selten angewandte Strafe, die über Baumschäler und Pflugräuber verhängt wurde

11. Kurfürst Maximilian I. Kupferstich von Lucas Kilian (1579 bis 1637). 1620
12. Dachau. Kupferstich von Matthäus Merian d. Ä. Aus der ›Topographia Bavariae‹ (1644). Unter der Überschrift das Residenzschloß
13. Kurfürstliche Residenz mit Lustgarten in München. Kupferstich (Ausschnitt) von Matthäus Merian d. Ä. aus dem Vogelschaubild Münchens
14. Donauwörth. Kupferstich. Aus dem ›Chur-Bayerischen Atlas‹ (1687)
15. Johann Tserclaes Graf von Tilly. Kupferstich nach einem ›Fliegenden Blatt‹ des 17. Jahrhunderts. Im Hintergrund die Belagerung Magdeburgs
16. Einzug der Schweden 1632 in München. Kupferstich von Matthäus Merian d. Ä. Aus dem ›Theatrum Europaeum‹ (1627 bis 1738)
17. Johann von Werth. Kupferstich von Paulus Fürst (um 1605 bis 1666). 1637
18. Lustschloß und Lustgarten Nymphenburg bei München. Kupferstich von Jacob Wangner (gestorben 1781) nach einer Zeichnung von Johann Claudius Sarron (gestorben 1741)
19. Kurfürst Maximilian II. Emanuel. Kupferstich von Franz Xaver Joseph Spätt (gestorben 1735) nach einem Gemälde von Joseph Vivian (1657 bis 1734)
20. Kurfürstliche Residenz in München. Kupferstich von Johann Balthasar Wening (1672 bis 1720). 1718
21. Regensburg. Kupferstich von Matthäus Merian d. Ä. Aus der ›Topographia Bavariae‹ (1644)
22. Dom in Regensburg. Kupferstich von Matthäus Merian d. Ä. Aus der ›Topographia Bavariae‹ (1644)
23. Schloß Schleißheim. Kupferstich. Aus dem ›Chur-Bayerischen Atlas‹ (1687)
24. Reiterstandbild des Kurfürsten Maximilian II. Emanuel vor der Residenz in München. Kupferstich von Johann August Corvinus (1683 bis 1738)
25. Dankgebet vor der Mariensäule auf dem Marktplatz in München. Kupferstich von Jeremias Kilian (1665 bis 1730)

26. Kurfürst Carl Albrecht. Allegorischer Kupferstich von Jeremias Kilian
27. Ingolstadt. Kupferstich von Anton Wilhelm Ertl (1654 bis nach 1715) und Johann Ulrich Kraus (1655 bis 1719). Aus dem ›Chur-Bayerischen Atlas‹ (1687)
28. Kurfürst Maximilian III. Joseph. Gemälde von George des Marées (1697 bis 1776)
29. Marktplatz in München. Kupferstich. Aus dem ›Chur-Bayerischen Atlas‹ (1687)
30. Landsberg am Lech. Kupferstich. Aus dem ›Chur-Bayerischen Atlas‹ (1687)

Inhaltsverzeichnis